EVOLUÇÃO FINANCEIRA

32 CHAVES PARA A SUA IN[...]CEIRA

EDITORA
CHAVE MESTRA®

Título original em Português:

Evolução Financeira -

32 Chaves para a sua inteligência financeira

Direção editorial: Raquel Medeiros
Revisão: Lais Alcântara
Diagramação: Weslei Eugênio
Branding de capa: Sergio Macceddo

Dados Internacionais de Catalogação na Publicação (CIP)

Vale, Rogério (Organizador)
V149 Evolução financeira: 32 chaves para a sua inteligência financeira / Rogério Vale (Org) – Barueri, SP: Chave Mestra Editora, 2023.
272 p. : 16 x 23 cm

ISBN 978-65-84979-45-1

1. Negócios. 2. Finanças. 3. Desenvolvimento pessoal. 4. Riqueza. 5. Sucesso nos negócios. 6. Finanças pessoais. I. Título.

CDD 158.1

EDITORA
CHAVE MESTRA®

S U M

ÁRIO

PREFÁCIO

Caro leitor,

É com grande prazer que lhe apresento o livro Evolução Financeira. Esta obra é um guia essencial para todos aqueles que desejam compreender e prosperar no mundo complexo das finanças. Neste livro, você encontrará uma abordagem abrangente e prática sobre como gerenciar suas finanças pessoais, investir de forma inteligente e alcançar a liberdade financeira.

Nosso mundo está em constante evolução e isso se aplica também ao campo financeiro. Os desafios e as oportunidades estão em constante mudança, e é fundamental que estejamos preparados para enfrentá-los. Os autores deste livro, com suas experiências e conhecimentos, oferecem *insights* valiosos e estratégias testadas para ajudar você a trilhar o caminho rumo à prosperidade financeira.

Ao longo das páginas deste livro, você encontrará uma abordagem ampla, que não apenas se concentra no aspecto técnico das finanças, mas também explora a relação emocional que temos com o dinheiro. Compreender nossa mentalidade em relação às finanças é fundamental para tomar decisões financeiras sólidas e alcançar nossos objetivos.

Além disso, você encontrará informações atualizadas sobre tendências de mercado, tecnologias disruptivas e estratégias inovadoras de investimento.

O objetivo é lhe capacitar a tomar decisões assertivas e inteligentes que o ajudem a maximizar seu potencial financeiro.

A evolução financeira não se trata apenas de acumular riqueza, mas também de cultivar um *mindset* de abundância, responsabilidade e bem-estar financeiro. Portanto, este livro não apenas fornece orientações práticas, mas também incentiva à reflexão e transformação pessoal. A verdadeira evolução financeira é alcançada quando integramos conhecimento, atitude e ação.

Estou confiante de que essa obra se tornará uma fonte de inspiração e orientação para você em sua jornada financeira. Convido você a embarcar nesta leitura enriquecedora e a aplicar os princípios e estratégias compartilhados neste livro. Lembre-se de que a evolução é um processo contínuo e sua busca pela prosperidade financeira é uma jornada que vale a pena.

Desejo-lhe muito sucesso em sua evolução financeira!

Atenciosamente,

Rogério Vale
CEO Editora Chave Mestra

Adriana Godim

Graduada em Administração de Empresas, pós-graduada em Controladoria e Finanças e em Educação Financeira, tem formação em *Coaching* Financeiro e é coautora de livro sobre investimentos para iniciantes. Atua como assessora de investimentos e tem como propósito melhorar a vida das pessoas, ajudando-as a se empoderarem financeiramente.

@adrianagodim.financas
Adriana Godim
(51) 99678-1654
adriana.godim@seuvalorfinancaspessoais.com

01

ORÇAMENTO

Por Adriana Godim

Neste capítulo, falaremos sobre uma ferramenta muito importante para o planejamento, o controle e a análise das finanças pessoais e empresariais que, muitas vezes, são negligenciadas – seja por falta de conhecimento ou por preguiça. Isso acontece pois nem todo mundo gosta de usar planilhas, *planners* financeiros, anotar gastos, acompanhar os custos da semana, do mês ou do ano, bem como definir limites no orçamento para as categorias de despesas, estabelecendo metas e objetivos. Então, geralmente, procrastinamos, e mesmo os fãs de planilhas e controles, em sua maioria, fazem isso muito bem em suas atividades profissionais, mas deixam de utilizar tais boas práticas de controle financeiro na própria vida pessoal.

Eu mesma já fui uma dessas pessoas. Apesar de trabalhar com finanças e ter especialização na área, passei boa parte da vida fazendo orçamento para empresas, sendo que eu não planejava nada em relação ao meu próprio dinheiro. Vivia no escuro, porque é o que ocorre quando não temos um orçamento. Isso mostra a importância de fazermos esse controle, pois ele nos dá clareza, objetividade e método. Conversando com as pessoas, observo que elas sempre reconhecem que esse tema é importante; porém, não sabem por onde começar, qual é o melhor formato, o período de tempo ideal de planejamento e acompanhamento, como definir metas, como começar um orçamento do zero... enfim: de que maneira assumir as rédeas do seu dinheiro. E é isso que vamos discutir neste capítulo. Além disso, falarei um pouco da minha experiência e prática sobre o assunto e espero que, ao final dessa jornada, você sinta que pode organizar sua vida financeira de forma leve e objetiva, pois, com ferramentas e método certos, tudo fica mais fácil.

Mas, afinal, o que é um orçamento?

Orçamento é como um plano que nos ajuda a estimar despesas, ganhos e oportunidades de investimento em um período determinado de tempo. A partir da sua definição, é possível estabelecer objetivos, que permitirão que os resultados sejam acompanhados de perto e medidos. Pode ser, também, uma quantia de dinheiro que se estima necessária para fazer frente a determinadas despesas, sonhos e/ou objetivos; ou, ainda, a avaliação ou o cálculo estimado do custo de algo que se deseja fazer. Esse é o conceito mais facilmente identificável no dia a dia, pois todos já fizeram ou fazem uso desse recurso quando querem programar uma viagem, comprar um automóvel, um imóvel, trocar de celular ou fazer uma reforma, por exemplo.

Contabilidade mental

Vamos fazer uma analogia: imagine que você precisa ir ao mercado fazer suas compras do mês. Seu dia está corrido e você não fez uma lista de compras. Está passando em frente ao supermercado e quer aproveitar essa oportunidade, porque depois ficará sem tempo. Obviamente, você conhece suas preferências de produtos e marcas e, também, sua necessidade de consumo por um determinado período. É possível que você tenha em mente uma boa parte do que há na sua despensa; porém, sem uma análise prévia e uma lista, você provavelmente ou se esquecerá de comprar algo ou comprará coisas de que não precisa, ou ambos. Por quê? Simplesmente porque confiou na sua memória.

A contabilidade mental é o principal inimigo de um bom planejamento financeiro. É comum que as decisões, mesmo de compras mais altas ou parcelamentos mais longos, sejam tomadas com base no que eu lembro a respeito de "quanto ganho x quanto gasto = quanto sobra". Ou seja, de quanto eu tenho em mente sobre esse resultado. Com frequência, até utilizamos uma folha de papel para rabiscar esses números (aproximados) e checar matematicamente a diferença. Essa contabilidade pode proporcionar uma certa segurança no momento da decisão: afinal, foi tudo "calculado". Isso não seria um problema, não fosse o fato de que 95% das nossas compras são emocionais. É lógico que seu cérebro vai te sabotar; principalmente, ao se tratar de algo que você deseja muito ter.

A mudança

Em 2004, já formada em Administração de Empresas, trabalhava no setor financeiro de uma grande companhia: lidava com alto faturamento e altos custos, tudo devidamente contabilizado nos centavos. Havia plano de contas, classificação de gastos, relatórios contábeis e financeiros para análise de resultado e muito planejamento financeiro envolvido. Eu sabia fazer muito bem todas essas atividades para a empresa, mas não aplicava nenhum desses conhecimentos na minha própria vida.

Talvez você não entenda o que significam esses termos usualmente utilizados no âmbito profissional, mas estou certa de que você sabe que a premissa básica de uma vida financeira organizada é gastar menos do que se ganha, investindo a diferença.

Eu tinha cerca de três cartões de créditos estourados e sempre utilizava todo o limite do meu cheque especial. Não dormia à noite, preocupada com as contas, as faturas dos cartões cada vez mais impagáveis e com o salário, que nunca era o suficiente. As palavras "planejamento" e "orçamento" só existiam no meu vocabulário das 8h às 18h, de segunda a sexta-feira. Seguia a vida comprando carro, parcelando dívidas e renegociando o cheque especial. Daí, estourava tudo, vendia o carro, comprava outro, parcelava de novo, fazia mais dívidas... assim, vivia uma verdadeira corrida dos ratos. Em determinado momento, eu disse: "Chega! Não quero mais viver assim!". Foi quando tudo mudou.

Saindo da escuridão

O primeiro passo é tomarmos consciência da nossa situação financeira. Esse é um momento difícil, já que é muito assustador deparar com suas dívidas e perceber que não só sua renda está totalmente comprometida, mas que seu padrão de vida está completamente fora da sua realidade. Abri uma planilha e fiz o levantamento da minha renda líquida – aquela que efetivamente caía na conta, depois de todos os descontos. Analisei meus extratos bancários e as faturas do cartão de crédito, identificando como e onde eu estava gastando meu dinheiro. Com essas informações em mão, dei início ao meu orçamento financeiro, que consistia em:

– **Entradas:** renda principal e extra.

PLANILHA DE CONTROLE DE ORÇAMENTO MENSAL			
RESUMO TOTAL DAS MOVIMENTAÇÕES	Janeiro	Fevereiro	Março
	1	2	3
RECEITA	1,46E+04	1,48E+04	1,53E+04
Renda Principal	1,12E+04	1,12E+04	1,12E+04
Renda Extra	0,00E+00	0,00E+00	0,00E+00

– **Saídas:** dívidas, gastos por categoria (moradia, alimentação, transporte, saúde, lazer, vestuário e educação, dentre outros).

RESUMO TOTAL DAS MOVIMENTAÇÕES	Janeiro	Fevereiro	Março
	1	2	3
Moradia	4,69E+03	5,08E+03	6,36E+03
Alimentação	1,66E+03	1,61E+02	6,14E+02
Transporte	4,10E+02	0,00E+00	2,35E+02
Saúde	1,30E+03	1,23 E+03	1,HE+03
Vestuário	0,00E+00	3,90E+01	1,49E+02
Educação Formal	0,00E+00	0,00E+00	0,00E+00
Entretenimento/lazer	5,77E+02	3,81 E+02	7,16E+00
Cuidados pessoais	0,00E+00	0,00E+00	8,18E+01
Formação profissional / extensão	4,38E+02	4,00E+02	3,03 E+02
Doações/Presentes	1,21E+03	7,10E+02	7,47 E+02
Dívidas	0,00E+00	3,34E+02	9,54E+01
Outros	1,56E+03	9,08E+01	9,63E+02
TOTAL DESPESAS	**1,19E+04**	**8,42E+03**	**1,07E+04**

– **Totalizadores:** total de renda, de despesas e resultado final.

RESUMO TOTAL DAS MOVIMENTAÇÕES	Janeiro	Fevereiro	Março
	1	2	3
TOTAL	-2,18E+02	-4,73E+01	9,59E+02
SALDO ANTERIOR	7,73E+02	5,55E+02	5,08E+02
TOTAL	5,55E+02	5,08E+02	1,47E+03
SALDO BANCÁRIO	5,55E+02	5,08E+02	1,47E+03

– **Comparativo:** resultado final x saldo bancário.

Conforme fui me organizando, entendi meu padrão de vida. Passei a classificar gastos em obrigatórios e não obrigatórios, fixos e variáveis. Defini prioridades, coloquei limite nas minhas despesas e defini metas. Por exemplo: liquidar a dívida do cartão A até o mês/ano; gastar mensalmente o percentual X da renda com lazer; consumir até X reais por mês com alimentação; aumentar a renda em 10%, fazendo renda extra até liquidar a dívida Y. Todos esses números foram para a planilha.

Parei de fazer novas dívidas – a menos que elas coubessem no orçamento; ou seja: que eu tivesse saldo para tal. Anotei os gastos e acompanhei esse desempenho semanalmente. Iniciei uma reserva de emergência e comecei com planilhas para 3 meses; depois para 6; em seguida, para 12 meses; e, por fim, para 24 meses.

Meu orçamento passou a ser meu guia; nele, estão definidos todos os meus tipos de gastos, desde os básicos até os que me dão conforto e prazer, sem deixar de reservar parte da minha renda mensalmente para investir em objetivos específicos. Iniciei com um valor baixo, passei para 10% da renda e aumentei para 20%, até conseguir investir mensalmente 25% de tudo o que entrava. Antes de tomar qualquer decisão de consumo importante, olho meu orçamento e me questiono: será que posso? Qual impacto essa compra vai ter em meu orçamento? Quanto aos meus principais objetivos, isso me ajudaria ou atrapalharia? Quais gastos extras terei ao adquirir esse bem? Eles cabem no meu orçamento?

O que faz a diferença

O orçamento é a expressão numérica da sua vida financeira organizada em áreas de receita e gastos, como se fossem pastinhas. Quando fazemos um planejamento, temos o que gostaríamos que ele fosse; quando o acompanhamos e atualizamos, temos a vida real acontecendo. Ele tanto pode ser elaborado em uma planilha – como no modelo mostrado – quanto pode ser utilizada uma agenda financeira, um *planner*, ou mesmo um *app*. Existem muitos aplicativos no mercado que ajudam as pessoas a se organizarem financeiramente. Mas o que faz a diferença é a nossa atitude em relação ao dinheiro: nosso comportamento e nossos hábitos de consumo. Criar planilhas pode ser fácil, podemos gerar cenários aumentando a renda, reduzindo gastos etc., mas o que vai fazer chegarmos aonde desejamos é a maneira como decidimos levar a nossa vida. E isso não ocorre por meio de planilhas e não são elas que te salvarão de uma vida financeira desorganizada. É você quem faz seu destino! Transforme seu sonho em objetivo, converta seu objetivo em um plano, desdobre seu plano em um orçamento!

As referências bibliográficas desse capítulo estão no Anexo localizado na última página do livro.

"

A contabilidade mental é o principal inimigo de um bom planejamento financeiro.

Adriana Godim

Aldria Ferreira

Sou Aldria Ferreira, investidora e empreendedora, fundadora da YIDB Consulting, uma das maiores consultorias de desenvolvimento pessoal do mundo. Especialista em finanças pessoais, atuo com mudanças de crenças, hábitos e comportamentos que levam rapidamente indivíduos a ter mais dinheiro, realizar melhores investimentos, conquistar sonhos, impactar gerações e contribuir para importantes causas.

Foi ajudando pessoas a organizarem suas finanças e aprenderem o real propósito do dinheiro que me encontrei.

Minha missão é aproximar as pessoas de seus verdadeiros objetivos e propósitos financeiros, elevando seus resultados a um novo patamar, continuamente.

@aldriaferreira
Aldria Ferreira
(11) 97341-7838
aldriaferreira@gmail.com

02

APRENDA A INVESTIR

Por Aldria Ferreira

Uma das perguntas que mais recebo em minhas plataformas sociais é: "Como investir?". Mas atente para o fato de que esta pergunta começa por "como". Assim, não posso presumir que a pessoa que fez tal pergunta saiba, realmente, "o que é investir" ou o "por que investir?". Como o título deste capítulo: "Aprenda a investir," eu começarei pela base, pelos fundamentos, como se fosse construir uma casa. Sem a fundação da casa, as paredes não se sustentam, nem o piso, as janelas, portas etc.

Segundo o *Dicionário Aurélio*, "investir" significa "atirar-se com ímpeto, correr precipitadamente; aplicar, empregar, inverter capitais com finalidade lucrativa; fazer investimento (de capitais); atribuir a algo, alguém ou a si próprio poder ou autoridade". Em uma mentoria de que participei, a mentora perguntou aos presentes: "Vocês sabem o que é ser um investidor?". Ali, dentre algumas respostas, as pessoas que mais se aproximaram da resposta correta responderam: "É ser um empreendedor"; mas, na verdade, ser um investidor é "ser alguém que sabe gerenciar o seu dinheiro; ele/a sabe administrar o dinheiro que tem e que chegará às suas mãos". E esse investidor busca a "lucratividade". Ele vai, cautelosamente, "atribuir" o seu dinheiro "a algo, alguém ou a si próprio".

Talvez você já tenha compreendido o que escrevi, mas eu demorei um tempo para entender isso. Na verdade, foram mais de 20 anos, porque antes dos 18 anos as minhas prioridades eram outras – principalmente, porque eu não pagava as contas. A maturidade nos proporciona importantes ensinamentos, e muitos deles vêm como um tapa na cara.

Até hoje eu me lembro da primeira calça jeans que comprei com o meu próprio dinheiro. Será que esse foi o meu primeiro investimento? Esse acontecimento me marcou muito porque usei o "meu" dinheiro. Não fiz nenhuma análise de custo, mas a projeção era a de que eu iria usá-la muitas vezes; assim, ela me gerou lucro.

Após estágios no colegial e até conseguir o meu primeiro trabalho com carteira registrada, guardava o meu dinheiro para bancar meus estudos e comprar algumas coisas. Com relação à faculdade, meu pai disse: "Eu não tenho dinheiro para pagar seus estudos; então, se você quiser fazer faculdade, você terá que pagar". Eu sabia que fazer faculdade era um grande investimento, **um investimento em mim**. Se esse investimento me daria algum lucro, eu não fazia ideia. Até que aprendi que sempre precisaria estudar e investir em conhecimento.

Um notável investimento que fiz foi sair do Brasil para, definitivamente, aprender inglês. Eu perdi uma oportunidade de trabalho, uma melhor posição e um melhor salário porque eu não falava inglês fluentemente. Nessa época, com 25 anos, eu já tinha uma certa poupança, pois aprendi com meu pai que eu tinha que poupar. Assim, pude investir na minha ida para os Estados Unidos a fim de aprender esse idioma tão importante.

No momento em que você se vê dependente ou independente, e o dinheiro é a base para todas as suas decisões, a vida pode se tornar muito mais difícil. No começo deste capítulo, falei sobre a construção de uma casa, assim como a construção do seu aprendizado sobre como investir. Tudo isso dependerá, exclusivamente, **das suas decisões e do seu conhecimento**. Todas as informações de que precisamos estão disponíveis gratuitamente na internet. Porém, elas estão "espalhadas", e o nosso cérebro gosta de começo, meio e fim.

Se hoje você não parar, literalmente, e olhar para essa área da sua vida, que é a área financeira, o impacto que você causa em si mesmo também impactará outras pessoas e gerações, de todo o mundo. Você deve estar se perguntando: "Como minhas finanças, hoje, podem influenciar o mundo?". Isso ocorre porque o seu consumo, ou não, de "N" produtos e serviços atinge diretamente vários setores da economia, tenham esses produtos origem nacional ou internacional.

Mas vamos fortalecer a fundação da nossa casa! Precisamos preparar o terreno, a metragem, o solo, a inclinação e comprar os materiais para começar a construir. Com as nossas finanças acontece o mesmo. Se vou aprender a investir, porque a minha intenção é ter mais dinheiro e fazer com que ele se multiplique, eu preciso olhar para as minhas finanças hoje, **agora**.

Abaixo, listo características de quatro perfis com os quais trabalho constantemente. Veja em qual deles você se encaixa:

1 – Uma pessoa que está superendividada, que pode ou não ganhar o suficiente "para viver".

2 – Uma pessoa que ganha bem, que paga suas contas, mas que, mesmo assim, não vê a cor do dinheiro no final do mês.

3 – Uma pessoa que ganha bem, paga suas contas e investe. Ela tem vários investimentos; porém, nem sabe se eles são fundamentais para o seu futuro.

4 – Uma pessoa que tem muito dinheiro e muitos investimentos, mas a maioria desses recursos é gerenciada por outras pessoas.

Você sabe o que essas pessoas têm em comum? Todas elas precisam de organização financeira. Se você quer aprender a investir, a sua primeira lição é **estar organizado**. Saber exatamente quanto dinheiro você faz e quanto você gasta. Uma folha de papel e uma caneta (e, para alguns, uma calculadora) já são o suficiente para começar. Escreva todos os seus gastos em duas tabelas como essas:

Despesas fixas	Despesas variáveis
1.	1.
2.	2.

Despesas fixas: são os gastos que você não pode tirar do seu orçamento, como comida, água, luz, internet, telefone, e para muitos, despesas na área da saúde.

Despesas variáveis: são os gastos que você pode retirar do seu orçamento a qualquer momento, como academia, salão de beleza, restaurantes etc.

As prioridades de cada perfil são diferentes, mas como todos precisam de organização, tais orientações são válidas aos quatro tipos. E **todos querem investir** ou já investem. O mundo dos investimentos tem ativos para diferentes perfis, objetivos e rendas. É essencial que você faça uma autoanálise, estudando o seu orçamento e descobrindo qual perfil de investidor **você está**, neste momento. Um passo de cada vez o levará ao destino certo se você se organizar, tiver clareza dos seus objetivos, e, acima de tudo, se preparar para a sua velhice. Investir é fazer o dinheiro render.

T. Harv Eker, prestigiado escritor de finanças, afirma: "Me dê 5 minutos com alguém e posso prever o seu futuro financeiro pelo resto da vida". Mas como? Identificando a maneira como essa pessoa pensa sobre dinheiro (o que está em seu subconsciente). Ele complementa: "Cada um de nós tem sua própria economia pessoal e muito pouco a ver com a economia do país em que vive. Sempre teremos a diferença entre as classes sociais, mas seu perfil econômico é resultado do que você pensa, dos seus hábitos, do seu caráter e de suas ações".

Está começando? Então, estude investimentos de renda fixa no mercado financeiro – principalmente aqueles com melhores benefícios fiscais. Uma coisa é certa: nascemos, vivemos e vamos morrer pagando impostos. Na renda fixa, você já tem uma remuneração ou retorno financeiro conhecido no momento da aplicação. No Tesouro Nacional, por exemplo, você empresta dinheiro para o governo. Em investimentos a bancos você empresta o seu dinheiro para o banco, como um CDB. Cada país terá suas particularidades, mas em todos eles há investimentos de renda fixa.

Quando você começar a ver o seu dinheiro rendendo, se sentirá mais confiante, mas **nunca** deixe o seu orçamento sem atenção. Só você sabe o quanto lhe custou fazer o dinheiro que você faz hoje. Provavelmente, passou dificuldades, teve restrições, ficou horas sem dormir etc. Por isso, jamais deixe de cuidar do seu dinheiro.

Assim que os juros compostos e a sua disciplina mostrarem o esforço que você fez ou está fazendo para investir, poderá buscar uma rentabilidade melhor, o que uma renda variável pode proporcionar. Eu preciso alertá-lo sobre os riscos – claro, tudo tem risco –, mas nos diferentes investimentos da renda variável tais riscos podem oscilar mais. Por isso, fique atento à dinâmica e às regras entre eles.

Renda variável são ações (ser dono de um pedaço de uma empresa). Sendo um sócio, o investidor tem alguns direitos, como o de receber parte do lucro quando ele ocorre (dividendos), por exemplo. Há também os Fundos de Investimento, Fundos Imobiliários e o meu queridinho, o ETF (*Exchange Traded Fund*), ou, traduzindo, "fundo negociado em bolsa". Basicamente, são cestas cheias de ações e é um fundo que tem como referência algum índice da bolsa de valores.

Existem inúmeros investimentos; conforme você vai aprendendo, evoluindo e vendo a lucratividade das suas aplicações, você terá ainda mais opções para investir. Por exemplo, tornar-se um empreendedor.

Se você realmente quer aprender a investir, precisa assumir a responsabilidade por sua vida e acreditar que quem cria o seu sucesso é você – principalmente o seu sucesso financeiro. Você é a raiz do seu triunfo e, também, do seu fracasso financeiro. Se você tivesse um carro e a sua vida fosse o volante, a boa notícia é que é você quem mantém esse carro na direção desejada. Isso é um poder enorme: você não é o passageiro, não está sentado ao lado ou atrás. Você tem a possibilidade de conduzir ou controlar a sua vida da maneira que quiser.

Eu acredito que muitas pessoas querem saber como ganhar muito dinheiro. São pessoas boas que também querem saber como servir e ajudar outras pessoas. Elas querem ser capazes de juntar essas duas coisas. Um dos passos para conseguir isso é mudando a sua mentalidade, fazendo um reset. Então, invista em você e no seu conhecimento!

"

Você precisa assumir a responsabilidade por sua vida e acreditar que quem cria o seu sucesso é você; principalmente, o seu sucesso financeiro.

Aldria Ferreira

André Araújo

André Araújo trabalha nas redes sociais sendo a ponte em direção à abundância na vida de engenheiros. Utiliza a mentalidade, a organização financeira e os investimentos como pilares para a transformação do seu público.

Graduado em Engenharia, viveu na pele o que é trabalhar duro e não ter tempo para cuidar das finanças e nem para aprender a investir.

Por meio do seu conteúdo nas redes sociais, além de cursos e mentorias, já conseguiu transformar a vida de milhares de pessoas.

Tem a missão de guiar engenheiros na jornada para conquistar a maior liberdade de todas: a de poder escolher.

@eu.andrearaujo
André Araújo mentor
(41) 98848-8861
contato@andrearaujo.com.br
eu.andrearaujo

03

MENTALIDADE FINANCEIRA (ABUNDÂNCIA X ESCASSEZ)

Por André Araújo

Por muito tempo, a única coisa que eu fazia todos os dias era trabalhar. Não tinha tempo e nem disposição para mais nada. Era desesperador! Todos os dias eu acordava assustado com o despertador, e me levantava correndo para não perder o ônibus. À noite, chegava em casa cansado e não tinha forças para nada além de tomar um banho, comer alguma coisa e me estirar no sofá para ver TV.

Eu não tinha tempo de ir ao mercado ou energia mental para pensar em como sair daquela corrida de ratos. O trabalho virou uma prisão. Minha vida era apenas trabalhar. Eu respondia a qualquer proposta com o clássico: "Não tenho tempo" ou "Não tenho dinheiro". Demorei para acordar desse transe. Eu estava, assim como a maioria das pessoas, preso ao desespero, à escassez e ao medo.

Somente nos últimos anos eu compreendi qual é o jogo, e é isso que espero que você aprenda neste capítulo.

Já reparou que cada um tem uma visão particular de como as coisas funcionam? Você pode achar que precisa fazer faculdade para enriquecer. Outra pessoa pode pensar que é mais provável que você faça menos dinheiro ao manter-se em uma profissão a vida toda. Temos o mesmo elemento – a faculdade – visto de formas diferentes, por pessoas diferentes. Essa sensação de conhecer algo, essa certeza que temos sobre o mundo é chamada de crença ou padrão mental.

Com relação ao dinheiro, à prosperidade e à riqueza, existem dois padrões mentais extremos que determinam se vamos ser ricos ou não: a abundância e a escassez. Ambas são pontas diferentes da mesma corda. Abundância = sempre terá. Escassez = vai faltar.

Qual é a sua principal motivação para enriquecer? Nove em cada dez pessoas vão responder a esta pergunta com uma resposta relacionada à estabilidade. Porém, a busca por segurança tem origem na insegurança, cujo fundamento é o medo de perder, a escassez.

Pense na reserva de emergência, recomendada por 10 entre 10 educadores financeiros. A intenção de se ter uma reserva de emergência é a de ter dinheiro guardado para os dias difíceis e as emergências, certo? Mas, fazendo isso, o que acabará conseguindo? Uma emergência! Logo, em vez de economizar para os dias ruins, concentre-se em ter uma reserva de paz e poupar para manter-se em paz. Assim, o que você realmente conseguirá é paz.

As pessoas abundantes entram no jogo do dinheiro para ganhar, para conquistar riqueza e abundância. Enquanto isso, pessoas escassas entram para não perder, se mantêm na defensiva. A principal preocupação delas é a sobrevivência. As pessoas escassas querem apenas "ter dinheiro suficiente para pagar as contas ou viver bem". Se o que você quer é o bastante para cobrir as despesas, é isso o que conseguirá – nem um centavo a mais.

Quem tem uma mentalidade de escassez acredita que deve escolher entre a riqueza e os demais aspectos da vida; por isso, racionaliza que o dinheiro não é tão importante. Esses indivíduos cultivam conceitos baseados na escassez, como: "Dinheiro não traz felicidade" ou "Não se pode ter tudo". Embora "ter tudo" seja realmente impossível, acredito que você é capaz de possuir tudo o que realmente quiser. Você pode ter dinheiro e ser feliz. Ser próspero e espiritualizado. Ser rico e ter bom coração.

Outra crença escassa comum é: "Para eu ter mais, alguém tem que ter menos". A ideia de que os ricos tomam todo o dinheiro para si mesmos e que, por isso, existe a pobreza não faz sentido. Primeiramente, essa crença pressupõe que a quantidade de dinheiro existente é limitada, o que não é verdade. Em segundo lugar, o mesmo dinheiro pode ser usado para gerar valor para muitas pessoas.

Por exemplo: João tem R$ 5 e compra uma caneta de Maria. Maria pega os R$ 5 e compra uma água de Paulo. Paulo pega esses R$ 5 e compra uma bala de Felipe, que, por sua vez, usa os R$ 5 para comprar uma fruta de Lúcia. A nota de R$ 5 passou por cinco pessoas diferentes e gerou valor para todas elas, em um total de R$ 20 para o grupo. Ou seja, além de os R$ 5 não terem sumido, esse dinheiro circulou e criou valor para todos.

Outra crença de escassez é: "Como poderei me sentir bem com tanto dinheiro enquanto outros têm tão pouco?". Lembre-se de que se o objetivo é ajudar o máximo de pessoas. Como você vai conseguir fazer isso sem dinheiro? Ter dinheiro não muda ninguém. Ele apenas intensifica o que o indivíduo já é. Se você possui meios de fazer dinheiro, faça. E aceite receber pelo valor que agrega na vida dos outros.

E você? Sabe receber? Façamos um teste rápido. Quando alguém elogia a sua aparência ou o seu trabalho, o que você responde?

a) Obrigado/a.

b) Que isso! Não foi nada de mais. E logo retribui o elogio.

A maioria vai se diminuir e devolver o elogio, em vez de aceitar recebê-lo. No fundo, se você faz isso, é porque não se sente merecedor. Se você não estiver disposto a aceitar um elogio, não está propenso a aceitar a abundância e o dinheiro na sua vida. Irá se sabotar e tomar decisões ruins até se livrar de tudo e justificar o padrão "não merecedor".

Quem é abundante trabalha de forma inteligente, e acredita que é perfeitamente apropriado ser bem recompensado por seus esforços e pelo valor que gera para o outro. Já quem acredita não ser merecedor se esforça, mas, inconscientemente, não acha justo ser bem remunerado.

Alguns ainda acreditam que serão melhores sem dinheiro. Algo lhes diz que são mais bondosos, felizes e espiritualizados. A única diferença, realmente, é que essas pessoas estão mais pobres. Exercite o seu merecimento: se alguém quiser dar algo a você, aceite.

E como ser um bom recebedor?

Reserve um percentual dos seus rendimentos todos os meses e use-o com experiências que façam você se sentir rico. Pode ser um café numa cafeteria chique, fazer a barba na barbearia ou jantar num ótimo restaurante, não importa. A ideia é validar o seu merecimento e fortalecer o seu "músculo recebedor."

Existe outro pensamento escasso muito difundido que é o de poupar cada centavo. Mas, pense comigo: o que é mais fácil? Poupar R$ 100 ou fazer R$ 100?

Talvez você já tenha seguido algum conselho como o de anotar todos os seus gastos e cortar tudo o que pode, para ver se sobra algum dinheiro no final do mês.

Deixe-me adivinhar: além de ainda não estar sobrando dinheiro, você cortou todo o lazer e a alegria de viver, certo?

Se você parar para pensar, verá que é mais fácil gerar valor para o outro e fazer dinheiro do que poupar mais. Isso ocorre porque poupar tem limite, enquanto fazer mais dinheiro não tem. O pensamento de só poupar é escasso, pois você acredita que se não fizer isso o dinheiro vai acabar.

O pensamento de fazer dinheiro é abundante, porque depende apenas de você e sua capacidade é infinita. Se você acredita que o dinheiro vai acabar e que precisa poupar cada centavo, você permanecerá preso a esse comportamento e ao medo da falta.

E perceba que eu disse "fazer dinheiro" e não "ganhar dinheiro". Pode parecer que as duas expressões signifiquem a mesma coisa, mas existe uma significativa diferença entre elas. Quando você repete que "ganha dinheiro", você está agindo no modo passivo. Você depende de alguém para lhe dar esse dinheiro e a responsabilidade está no outro. A consequência disso é você viver reforçando o sentimento de escassez, de que vai faltar, de que vai ser demitido, ficará pobre etc.

Quando você repete e internaliza que "faz dinheiro", você passa a ser o protagonista. A responsabilidade agora é sua e, portanto, você está no controle. A consequência é que você pode vibrar na abundância; afinal, enquanto tiver uma cabeça para pensar, poderá fazer mais dinheiro. O céu é o limite e você pode alcançar tudo o que desejar. Porém, não basta você dizer que faz dinheiro: é preciso internalizar esse sentimento. É a verdadeira intenção que nos faz sentir e agir de modo diferente.

Nossa verdadeira natureza é composta por riqueza e abundância. Você já é inerentemente rico e nada lhe falta. Pouco importa quanto dinheiro tem, pois a origem da riqueza é o autoconhecimento, é se tornar a pessoa capaz de acessar tudo o que quiser.

O segredo, portanto, é saber identificar esses padrões mentais e se perguntar se eles realmente fazem sentido. E, então, provar para si mesmo que eles não são a verdade absoluta do mundo. É acreditar que você pode, a partir de agora, mudar sua visão de mundo e acessar a abundância e a riqueza na sua vida.

Um exercício prático para acessar a abundância chama-se doação. Doe dinheiro. Dê dinheiro para um mendigo na rua – mesmo se você tiver a certeza de que ele vai comprar pinga. Dê assim mesmo, não queira ter controle. O ato de doar é para você. Doe R$ 20, R$ 10 ou mesmo R$ 1, e reforce pra si próprio que você dá porque não vai lhe faltar. Garanto a você que doar e ajudar o próximo, com a verdadeira intenção da abundância, vai lhe fazer acessar um nível de energia que trará muito mais riqueza para você.

Lembre: está tudo dentro de você. Se você se sente ansioso e preocupado, acabará confirmando essa crença. Entretanto, se você se sente bem, em paz, validará essa crença e vai gerar abundância. Por quê? Porque a paz é a sua raiz e ela se tornará o seu modo natural de viver.

Ao desvincular a sua motivação para fazer dinheiro do medo e da necessidade de segurança, você estabelecerá novas associações para prosperar financeiramente. E isso acontecerá por meio do propósito, da contribuição e da paz. Assim, você nunca terá que se livrar do dinheiro para ser feliz.

Não busque a segurança (escassez), busque a paz (abundância). Os padrões mentais de escassez fazem com que você seja um carro potente com freio de mão puxado. Solte esse freio e seja abundante em todas as áreas da sua vida!

"

Concentre-se em ter uma reserva de paz e poupar para manter-se assim. Nesse caso, é exatamente o que você conseguirá: paz.

André Araújo

Araceli Kreutzberg

Sou mentora financeira especializada em ajudar mulheres a valorizarem o seu dinheiro e a conquistarem sua liberdade financeira. Com mais de dez anos de experiência nesse mercado, atuo como investidora, palestrante e articuladora de ações de educação financeira na Universidade Corporativa do Banrisul. Tenho especialização em Finanças e Economia pela UFGRS e em Educação Financeira pelo Instituto Soaper.

Como mentora, já orientei dezenas de mulheres a alcançarem sua liberdade financeira por meio de organização e planejamento financeiro. Minha missão é ajudá-las a terem mais dinheiro, sabendo gastar com estratégia para investir com segurança em sua liberdade financeira.

@aracelifinancas
(51) 98169-9171
araceli.financas@gmail.com

04

COMO UTILIZAR O CARTÃO DE CRÉDITO COM ESTRATÉGIA

Por Araceli Kreutzberg

Você já pensou que mesmo cabendo no seu bolso, o cartão de crédito pode ter um expressivo impacto na sua vida financeira? Ele pode ser um grande aliado no controle das suas finanças, permitindo que você faça compras de forma mais segura e prática. Porém, se não for utilizado com cuidado, pode se tornar um problema, levando-o a acumular dívidas e comprometendo a sua saúde financeira. Neste capítulo, vamos explorar as melhores práticas para utilizá-lo com sabedoria e responsabilidade. Esteja preparado para descobrir tudo o que precisa saber sobre o uso do cartão de crédito com estratégia.

Com o avanço da tecnologia, o cartão de crédito tornou-se um dos principais instrumentos de pagamento utilizados atualmente. De acordo com dados divulgados pela ABECS, os brasileiros realizaram 49,9 milhões de transações por dia com cartões de crédito, em 2022.

O cartão de crédito é uma forma prática de pagamento que permite fazer compras sem a necessidade de usar dinheiro em espécie. A instituição responsável pelo cartão libera um limite de compras para que você possa fazer suas aquisições, mesmo sem ter dinheiro na conta naquele momento. Esse limite é baseado em informações sobre o seu histórico de pagamento e renda. No entanto, é importante ressaltar que esse limite não deve ser visto como uma extensão do seu salário, pois todo o valor gasto precisa ser pago quando a fatura é emitida.

Como forma de atrair e fidelizar clientes, os cartões oferecem diversas vantagens, tais como programas de recompensas, descontos em estabelecimentos parceiros, seguros e proteções para o titular. Além de comparar os recursos e benefícios, é importante conhecer os juros, as taxas e os encargos envolvidos na sua utilização. É recomendável atentar às tarifas de anuidade, de saque em dinheiro, de transferência de saldo e de pagamento em atraso, pois essas taxas podem impactar diretamente o valor final da fatura, uma vez que serão somadas ao valor das suas compras. Tais informações podem ser encontradas diretamente na fatura ou no site/app da operadora.

Escolher o cartão de crédito ideal pode ser uma tarefa difícil, já que existem diversas opções no mercado. Por isso, é importante avaliar as suas necessidades pessoais e o seu estilo de vida antes de decidir qual cartão de crédito mais se adequa às suas preferências.

Apesar de algumas pessoas terem medo de utilizar cartões de crédito, o seu uso consciente pode proporcionar muitos benefícios financeiros. Quando usado com estratégia, você pode acumular pontos, milhas ou *cashback*, que podem ser trocados por descontos, passagens aéreas e outras vantagens. Por exemplo, alguns cartões oferecem *cashback* ou pontos por gastos em supermercados, o que pode ser uma ótima oportunidade de economia. Suponhamos que você tenha um cartão de crédito que ofereça *cashback* de 5% em compras em um supermercado e que você gaste R$ 500 por mês nesse estabelecimento. Ao final do ano, você economizaria R$ 300, que poderiam ser usados para outras finalidades. Além disso, o uso responsável do cartão pode ajudar a construir um bom histórico de crédito, o que pode ser útil para solicitar empréstimos ou financiamentos no futuro.

No entanto, é importante lembrar que o uso do cartão de crédito deve ser feito com consciência e moderação. Muitas pessoas acabam se endividando ao usá-lo de forma imprudente, fazendo compras acima de sua capacidade financeira.

O uso descontrolado ou exagerado do cartão de crédito pode gerar endividamento excessivo, inadimplência e até a perda de controle sobre o orçamento pessoal. De acordo com a Pesquisa de Inadimplência do Consumidor (Peic), 86,6% das dívidas das famílias brasileiras, em 2022, estavam relacionadas ao cartão de crédito.

De acordo com estudos feitos na área da neuroeconomia, nossa tendência é a de gastar mais quando não estamos com dinheiro em espécie, pois não sentimos a mesma "dor da perda" que ocorre quando utilizamos "dinheiro vivo". Ao pagar por uma compra com uma nota de R$ 50, por exemplo, nosso cérebro entende que estamos perdendo aquela quantia. Já ao utilizar o cartão de crédito, a sensação é diferente, pois o cartão volta para a carteira após passar pela máquina. Isso pode levar a gastos excessivos, uma vez que a sensação de perda não é tão forte.

Para evitar cair nas armadilhas do cérebro, é necessário manter um controle rigoroso dos gastos e limitar as compras apenas ao que pode ser pago no final do mês. Definir um orçamento de gastos mensais no cartão é uma medida fundamental para evitar dívidas e manter as finanças organizadas. Para começar, é necessário listar todas as despesas que serão pagas com o cartão, incluindo contas fixas e variáveis, e estipular um limite para os gastos que seja compatível com a sua possibilidade de pagamento. Lembre-se de incluir também as taxas de juros e tarifas do cartão. Com base nessa lista, é possível fazer um planejamento financeiro mensal.

Também é importante atentar às compras parceladas. Quando você opta por essa opção, o valor total da compra consome o seu limite pré-aprovado, mas não significa que você terá que pagar tudo de uma vez. O valor da parcela será repetido nas faturas futuras, de acordo com a quantidade de vezes que você parcelou. Por exemplo, se você tem um limite de R$ 1.000 e comprou uma calça de R$ 100, parcelada em 4 vezes, o limite disponível passará a ser de R$ 900, e a próxima fatura terá o valor de R$ 25, indicando a parcela 1 de 4. Ao pagar a fatura, seu limite será liberado novamente para novas compras.

Parcelar em várias vezes uma compra pode virar mais uma armadilha do nosso cérebro, conforme explica a neuroeconomia. Ao parcelar, a sensação é a de que o valor cabe no bolso, mesmo que, no final, você acabe pagando mais caro. Por exemplo, uma bolsa que custa R$ 600 pode parecer cara, mas se for oferecida em 12 vezes de R$ 60, a sensação é a de que esse é um valor acessível. Entretanto, muitas vezes, acaba-se pagando mais por causa dos juros. Por isso, sempre avalie qual é o valor dos juros a serem pagos. Em caso de dúvida, opte por parcelar somente se tiver o valor total da compra guardado para quitar a fatura todos os meses.

Também é recomendado evitar ter uma quantidade excessiva de cartões de crédito, pois isso pode dificultar o monitoramento das finanças pessoais e levar à perda de controle dos gastos. Para manter as finanças em ordem, é fundamental verificar constantemente os gastos e as transações do cartão de crédito. Uma maneira eficaz de fazer isso é utilizando aplicativos ou planilhas de gestão financeira. Dessa forma, é possível controlar melhor o que se gastou e evitar dívidas desnecessárias.

Você também pode utilizar os serviços de notificações oferecidos pelos bancos e pelas operadoras de cartão. Essas notificações podem ser personalizadas para informar a data de vencimento da fatura, o limite disponível e as compras feitas. Configurar alertas para limitar os gastos também é uma ótima opção, evitando ultrapassar o orçamento estabelecido.

Ter um cartão de crédito não significa que se tenha dinheiro ilimitado. Assim, a melhor estratégia é fazer uma lista de compras e avaliar com cuidado cada item antes de adquiri-lo.

Para verificar como está o seu comportamento de compras com o cartão de crédito, proponho um exercício prático, que ajudará na percepção dos seus gastos. Trata-se de uma tarefa muito simples. Tudo o que você precisa é da fatura do seu cartão e de três canetas marca-texto nas cores verde, amarela e cor-de-rosa. Ao receber a fatura do cartão de crédito, analise cada uma das compras, separando-as em três categorias: essenciais (representadas pela cor verde), compras que poderiam ter esperado (amarela) e compras feitas por impulso (cor-de-rosa). Depois disso, você terá uma visão mais clara de como está gastando seu dinheiro e poderá tomar medidas para reduzir gastos desnecessários.

Utilizar o cartão de crédito com estratégia é, sem dúvida, uma das melhores maneiras de manter as finanças saudáveis e garantir tranquilidade financeira. Com as técnicas apresentadas neste capítulo, espero ter ajudado você a entender como utilizar o cartão de crédito de forma responsável, evitando problemas financeiros e aproveitando ao máximo seus benefícios. Lembre-se sempre de que o cartão de crédito é uma ferramenta poderosa, e utilizá-la de forma planejada é libertador, podendo oferecer muitos benefícios para a sua vida financeira.

A fim de aprofundar seus conhecimentos sobre esse tema, escaneie o *QR Code* abaixo. Por meio dele, você terá acesso ao treinamento "Domine o Seu Cartão de Crédito", no qual aprenderá, passo a passo, todas as estratégias necessárias para ter controle e liberdade financeira. E, como presente especial, você também receberá uma planilha exclusiva, que nunca mais deixará você perder o controle dos seus gastos no cartão de crédito.

As referências bibliográficas desse capítulo estão no Anexo localizado na última página do livro.

"

Utilizar o cartão de crédito com estratégia é libertador!

Araceli Kreutzberg

Arthur Tertuliano

Arthur Tertuliano tem mais de 17 anos de experiência na área de finanças e canais digitais bancários. Ao longo de sua carreira, orientou mais de cem pequenas e médias empresas de serviços e produtos, resultando em mais de 10 milhões de reais em redução de despesas, e a projeção de reservas em mais de 5 milhões de reais. Apaixonado por finanças, tecnologia e pessoas, desde 2004 tem realizado estudos na área, tendo se especializado em finanças empresariais, análise empresarial, automação, controle, administração pessoal, tecnologia colaborativa e capacitação de líderes.

@arthurtertuliano
Arthur Tertuliano
(11) 96519-6868
arthur@arthurtertuliano.com
arthurtertuliano.com

05

APLICATIVOS PARA CONTROLAR SUAS FINANÇAS

Por Arthur Tertuliano

Um dos desafios enfrentados por muitas pessoas e empresas é o controle financeiro. A boa notícia é que há uma ampla variedade de aplicativos de finanças disponíveis para ajudá-los a gerenciar suas finanças. Neste texto, vou falar sobre o cenário atual desses aplicativos, os problemas enfrentados por muitas pessoas e empresas, como escolher o melhor *app* e dar dicas importantes para usar esses aplicativos de forma segura e eficaz.

Me considero um empreendedor nato e iniciei minha carreira aos 16 anos, pintando portões de casas vizinhas para ganhar dinheiro extra e conseguir ajudar meus pais, além de conquistar minha independência financeira. Após diversos "nãos" paternos, encontrei demandas simples de trabalho em meu bairro, localizado na periferia da cidade de Santo André, na Grande São Paulo. Ao observar e calcular os valores de prestação de serviços, entendi de que modo poderia ganhar dinheiro e como gerenciá-lo de forma eficiente.

Com determinação e muito esforço, fui ganhando experiência no mundo do comércio e dos serviços, trabalhando em diversas áreas – desde vendedor de loja de R$ 1,99 até minha entrada no sistema bancário, aos 18 anos. Nessa trajetória, atuei como escriturário até especialista em treinamento e capacitação de jovens e adultos nos diversos serviços bancários. Fui responsável por abrir contas por meio de aplicativos até o gerenciamento de fundos de investimentos de grandes fortunas de pessoas físicas e empresas.

Ao longo de minha carreira no sistema bancário, adquiri um vasto conhecimento em aplicativos financeiros e em como treinar as pessoas para utilizá-los e vendê-los em serviços digitais. Tornei-me especialista em finanças empresariais e ajudei muitas empresas a gerenciarem melhor suas finanças e a crescerem de forma sustentável.

Gostava de fazer contas e calcular lucros desde cedo, e essa paixão me levou a buscar conhecimentos cada vez mais especializados em finanças empresariais. Sou comprometido com a qualidade em tudo o que faço, e sempre busco oferecer o melhor serviço possível aos meus clientes.

Com ampla experiência em aplicativos financeiros e treinamento de pessoas, estou sempre atualizado sobre as últimas tendências em tecnologia financeira e sou capaz de ajudar empresas a escolherem os melhores aplicativos financeiros para atender às suas necessidades. Em resumo, me considero um empreendedor determinado e experiente em finanças empresariais.

Existem milhares de aplicativos de finanças disponíveis em todo o mundo. De acordo com dados da plataforma Statista, em 2021, havia cerca de 138 mil *apps* financeiros disponíveis na *App Store* da *Apple*, em todo o mundo. Dentre os países com mais aplicativos financeiros disponíveis, destacam-se os Estados Unidos, a China, o Japão e o Reino Unido.

No entanto, nem todos os aplicativos desse segmento são iguais. Muitos deles têm problemas que podem levar à perda de informações e dinheiro. Por exemplo, alguns são muito complexos e difíceis de usar, enquanto outros podem não funcionar corretamente ou perder informações essenciais. Pessoalmente, já tive problemas com alguns aplicativos financeiros que não funcionavam como deveriam e perdi informações importantes.

Para evitar problemas, é fundamental escolher o programa certo para as suas necessidades. Antes, ainda, é essencial identificar qual é o seu principal problema financeiro. Por exemplo, se você tem dificuldade em controlar seus gastos, pode ser necessário um aplicativo que o ajude no registro de suas despesas diárias. Por outro lado, se você estiver mais preocupado em controlar suas dívidas, pode precisar de um *app* que o auxilie a gerenciar e reduzir seus débitos.

Além disso, é fundamental escolher um aplicativo que seja fácil de usar e que ofereça recursos úteis. Os *apps* financeiros devem ter soluções de segurança robustas, para garantir que suas informações permaneçam protegidas. Alguns oferecem recursos adicionais, como orçamento, investimento e planejamento financeiro.

Ao usar um aplicativo financeiro é necessário atentar para não fornecer informações pessoais sensíveis a terceiros. Além disso, verifique se ele é confiável antes de fazer qualquer tipo de transação financeira.

Infelizmente, casos de fraudes em aplicativos de finanças não são raros. Como consultor, é importante alertar as pessoas sobre os riscos e as precauções necessárias para evitar cair em golpes.

Esses programas, geralmente, contêm informações financeiras confidenciais, como dados bancários, senhas e números de cartão de crédito. Por isso, é fundamental ter cuidado com a segurança das informações ao utilizar aplicativos financeiros.

Algumas medidas simples podem ajudar a evitar fraudes nesses aplicativos. Primeiramente, deve-se usar senhas fortes e diferentes para cada *app*. Além disso, é importante evitar compartilhar informações financeiras com terceiros ou fazer transações em redes de Wi-Fi públicas.

Os aplicativos de finanças também devem ser baixados apenas em fontes confiáveis, como a *App Store*, da *Apple*, ou a *Google Play Store*. Evite fazer *download* de aplicativos de finanças em sites desconhecidos ou de e-mails suspeitos. Os golpes mais comuns são os que envolvem *phishing*, em que os golpistas enviam e-mails ou mensagens falsas que aparentam ser de um banco ou instituição financeira, solicitando informações confidenciais. Além disso, existem aplicativos falsos que imitam os originais, na tentativa de coletar dados financeiros dos usuários.

Para evitar golpes em aplicativos de finanças é essencial ficar atento a e-mails suspeitos, mensagens de texto ou chamadas de números desconhecidos, além de sempre verificar a autenticidade do *app* antes de inserir informações financeiras.

Minha recomendação é sempre manter-se informado e alerta sobre os riscos de fraudes em aplicativos de finanças e tomar medidas preventivas para proteger suas informações. A segurança financeira é fundamental e deve ser prioritária.

No Brasil, o mercado de aplicativos de finanças vem crescendo rapidamente, especialmente nos últimos anos. Dados da empresa de pesquisa App Annie mostram que, em 2021, o mercado brasileiro de aplicativos financeiros cresceu cerca de 20% em relação ao ano anterior.

Hoje, os brasileiros utilizam cada vez mais aplicativos de finanças para gerenciar suas contas bancárias, seus cartões de crédito, investimentos, seu orçamento e muito mais.

Segundo uma pesquisa do Instituto Locomotiva, em 2021, cerca de 71% dos brasileiros utilizam aplicativos para gerenciar suas finanças. Dentre os usuários desses aplicativos, os mais populares são os de bancos e instituições financeiras, seguidos pelos de pagamentos e carteiras digitais, além dos aplicativos de controle de gastos e investimentos.

Os benefícios de se utilizar *apps* financeiros são inúmeros. Eles ajudam a simplificar a gestão financeira e torná-la mais acessível e fácil. Com um aplicativo financeiro, é possível controlar gastos, monitorar investimentos, gerenciar dívidas e criar e acompanhar orçamentos, além de acessar diversas outras informações financeiras em tempo real.

Além disso, os aplicativos financeiros oferecem uma série de recursos que ajudam a aumentar a segurança das transações financeiras. Muitos contam com tecnologias avançadas de criptografia e autenticação para proteger as informações dos usuários, reduzindo o risco de fraudes e ataques cibernéticos.

Outro benefício notável desses aplicativos é a possibilidade de acessá-los em qualquer lugar e a qualquer momento, facilitando a gestão financeira para pessoas com agendas apertadas e rotinas agitadas.

Para muitos, a gestão financeira pode ser uma tarefa desafiadora e, frequentemente, as pessoas acabam se perdendo em meio a tantas opções de *apps* disponíveis no mercado. Por isso, como consultor dessa área, sempre recomendo que a primeira etapa para gerenciar suas finanças com sucesso é identificar qual é o seu principal problema financeiro.

Não é incomum que as pessoas sejam atraídas por aplicativos bonitos e modernos, mas nem sempre o programa mais popular é o melhor para atender suas necessidades específicas. Logo, é importante encontrar um aplicativo que seja adequado a você, mesmo que ele não seja o mais popular ou esteticamente agradável.

Um aplicativo financeiro eficaz é aquele que oferece recursos e funcionalidades específicas para ajudá-lo a superar o seu principal problema. Por exemplo, se você tem dificuldade em controlar seus gastos, é interessante encontrar um *app* que o ajude a registrar suas despesas diárias, definir limites de gastos e acompanhá-los.

Em resumo, identificar qual é o seu principal problema financeiro é a primeira etapa para gerenciar suas finanças com sucesso. Não se deixe levar pela aparência de um aplicativo e certifique-se de que ele atenda às suas necessidades específicas.

Com a escolha certa de aplicativo e disciplina, você poderá se surpreender com a melhora do seu controle financeiro e da sua vida financeira, de forma geral.

Para concluir, tais aplicativos podem ser uma ferramenta valiosa para ajudar a gerenciar as finanças pessoais e empresariais. No entanto, é importante escolher o programa certo e usá-lo com cuidado. Lembre-se de que a segurança das informações financeiras é fundamental. Como disse Benjamin Franklin: "Um investimento em conhecimento paga os melhores juros". Então, invista em conhecimento e escolha o programa certo para ajudá-lo a gerenciar suas finanças com sucesso.

Minha dica é: vivencie o seu problema e busque entender como o aplicativo auxiliará em suas finanças.

"

O melhor aplicativo é aquele que faz sentido na sua rotina diária e ajuda em suas finanças.

Arthur Tertuliano

Bruno Leite

Empreendedor e palestrante com 35 anos de experiência como gerente de banco. Formou-se em Ciências Contábeis e Direito e é especialista em Finanças. Concluiu MBA em Gestão de Negócios e é referência em geração de renda extra e educação financeira.

CEO e *founder* da Shekinah Consultoria, lidera um movimento de transformação financeira com os treinamentos Jornada Milhas Aéreas, Jornada Sem Dívidas e Jornada Emissões Aéreas. Criador do Método ABCD, ajudou centenas de alunos a alcançarem sua independência financeira.

Casado com Rosana, pai do Guilherme e da Giovanna, nasceu em São Paulo (SP). É cristão e apaixonado por contribuir para a transformação das vidas de seus alunos e mentorandos.

@brunopassosleite
brunopassosleite.com.br

06

O MÉTODO ABCD DA RENDA EXTRA

Por Bruno Leite

Você já pensou em como aumentar sua renda sem precisar trabalhar mais ou sacrificar o seu tempo livre? Muitas pessoas enfrentam a mesma dificuldade: o salário não é suficiente para realizar seus sonhos ou lidar com imprevistos financeiros. Porém, há uma solução conhecida por menos de 5% da população: ganhar dinheiro com seu cartão de crédito, por meio de pontos e milhas aéreas.

Transformar seu cartão de crédito em uma fonte de renda extra é mais fácil do que você imagina. Com algumas estratégias simples, é possível usar seus gastos do dia a dia a fim de acumular pontos e milhas que podem ser vendidos e transformados em dinheiro. Mesmo que você não seja um *expert* em finanças ou nunca tenha ouvido falar nesses termos, há um incrível potencial no uso de pontos e milhas para ganhar dinheiro.

Talvez você já tenha ouvido falar em milhas aéreas e, até mesmo, tenha usado as suas para emitir uma passagem. Quem sabe o gerente da sua conta tenha comentado (sem dar muita importância) que seu cartão de crédito gera pontos. Todo esse desinteresse em informar as pessoas gera mais dinheiro para os bancos e menos grana para o seu bolso. Não se preocupe! Mesmo que você nunca tenha ouvido falar nesses termos, saiba que há um método simples e eficaz que usa pontos e milhas para ganhar dinheiro.

Neste capítulo, eu, Bruno Leite, ex-gerente de banco com mais de 35 anos de experiência no mercado financeiro, revelarei como é possível transformar seu limite do cartão e seus gastos do dia a dia em uma nova fonte de renda por meio das milhas aéreas. Continue lendo para descobrir como essa prática pode mudar a sua vida financeira para sempre!

Muitas pessoas não sabem que as milhas e os pontos acumulados em seus cartões podem ser vendidos e convertidos em dinheiro, além de serem utilizados para viagens. As nossas compras diárias, como supermercado, combustível, mensalidade escolar, internet e telefone podem gerar pontos e milhas aéreas muito proveitosas. Pense na possibilidade de utilizar esses recursos para complementar seu orçamento ou realizar um sonho. Neste capítulo, mostrarei como acumular pontos e milhas de forma estratégica, aproveitando as oportunidades oferecidas pelo seu cartão de crédito.

Mas, antes de dizer como você pode fazer tudo isso, vamos entender a diferença entre pontos e milhas. Pontos ficam nos clubes de fidelidade dos bancos e milhas nos programas de fidelidade das companhias aéreas. Todas as compras do seu dia a dia podem gerar pontos e milhas aéreas. Para isso, não é necessário ter um cartão *black* ou ser um viajante frequente para acumular benefícios, pois existem diversas maneiras de juntar pontos e milhas, como fazendo compras em lojas parceiras do programa de fidelidade do seu cartão de crédito. Para começar a acumular, priorize o uso do cartão de crédito em vez do cartão de débito, boleto ou PIX, pois, como meus alunos sempre ouvem: **limite** no cartão é igual a **dinheiro** no bolso, e você já vai entender o motivo.

Com o uso estratégico do seu cartão de crédito, é possível aproveitar diversas vantagens. Para isso, é importante usar todo o seu limite, antecipar pagamentos e mostrar que é um cliente confiável para adquirir cartões com ainda mais benefícios. Além do acúmulo de pontos e milhas aéreas, os cartões de crédito oferecem seguros e outros privilégios, como proteção de preço e proteção de compra, garantia estendida e até seguro-*pet*.

Outra dica importante: aproveite as parcerias entre programas de fidelidade e lojas que oferecem pontos e milhas por cada real gasto. Existem promoções pontuais em que alguns itens podem sair praticamente de graça. Caso você tenha aptidão por vendas, poderá, também, comprar e revender produtos para gerar uma renda maior ainda.

Organização e disciplina são fundamentais para acumular pontos e milhas aéreas de forma estratégica. Monitore seus pontos e milhas acumulados, acompanhe promoções e planeje suas viagens com antecedência.

Se você já acumulou pontos e milhas, é possível transformá-los em dinheiro ou em viagens incríveis. Aprender a bonificar seus pontos e comercializar suas milhas vai potencializar essa oportunidade e aumentar significativamente sua renda. Ter ativos valiosos é ótimo, mas saber utilizá-los para gerar renda é bem melhor.

Anteriormente, expliquei como acumular pontos de forma resumida. Agora, vou lhe mostrar como é possível elevar o valor desses pontos ainda mais, por meio da bonificação, e como comercializar as milhas geradas para obter lucro. Os clubes de fidelidade dos bancos oferecem promoções para que você transfira seus pontos acumulados organicamente ou comprados. Você pode comprar pontos em promoções especiais dos clubes de fidelidade! Essas promoções podem ajudá-lo a bonificar seus pontos. Os clubes de fidelidade criam parcerias com companhias aéreas para você transferir seus pontos ao programa de milhas da companhia, e receber bônus em troca. Por exemplo, se você transferir 100 mil pontos em uma promoção de 100% de bônus, receberá 200 mil milhas no programa da companhia aérea. Depois de bonificar seus pontos, você pode comercializar as milhas geradas – existem empresas especializadas em comprá-las. É importante saber o momento certo de fazer essa operação, para aumentar seus lucros.

Também é possível resgatar suas milhas para viagens, o que pode ser uma ótima maneira de economizar em suas próximas férias. Cabe a você avaliar qual das formas de comercialização das suas milhas é a melhor opção para satisfazer suas necessidades e seus objetivos financeiros. Lembre-se sempre de pesquisar bem antes de fazer qualquer transação envolvendo seus pontos e suas milhas, de forma a garantir um negócio lucrativo.

Agora que você já sabe como bonificar seus pontos e comercializar suas milhas, está pronto para aumentar sua renda e desfrutar de todas as vantagens que seus ativos podem oferecer. Então, vamos continuar, para que você nunca pare de desfrutar dessa nova fonte de renda e aprenda como repetir o processo de maneira inteligente e lucrativa!

Você já viu como é possível acumular, bonificar e comercializar suas milhas e seus pontos para gerar uma renda extra consistente. Mas a verdadeira chave para o sucesso financeiro é a fase D: desenvolver. Essa é a etapa em que você repete o ciclo ABCD e aprimora cada vez mais a sua estratégia de gestão de pontos e milhas, onde:

A= Acumular

B= Bonificar

C= Comercializar

D= Desenvolver

Ao desenvolver uma abordagem inteligente para a gestão desses ativos, você pode maximizar ainda mais seus lucros e reduzir riscos. Com uma estratégia de desenvolvimento bem estruturada, você tem a chance de ser um verdadeiro especialista no mundo das milhas e dos pontos.

Mas, você deve estar se perguntando: como exatamente eu faço isso? É nesse ponto que entra o método ABCD, um modo comprovado e eficaz de gerenciar seus pontos e suas milhas de maneira inteligente e lucrativa. Essa estratégia é simples de entender e fácil de aplicar, fazendo com que você comece a gerar renda extra imediatamente.

Ao seguir o método ABCD, você não só aprenderá como acumular, bonificar e comercializar suas milhas e seus pontos, mas também a desenvolver uma estratégia sólida para ampliar lucros e minimizar riscos. Não perca a oportunidade de aprender mais sobre esse método e transformar a sua vida financeira.

Ao final deste capítulo, espero que você tenha se inspirado e conseguido vislumbrar o mundo do cartão de crédito e das milhas aéreas, e como elas podem ajudar na geração de renda extra. Muitas pessoas buscam liberdade e segurança financeira, mas nem sempre sabem por onde começar. É por isso que o método ABCD é tão poderoso.

E, se você quiser conhecer mais sobre como o método ABCD pode ajudá-lo a gerar de 2 a 5 mil reais de renda extra por mês, a Jornada Milhas Aéreas é uma excelente opção. O curso oferece um passo a passo detalhado para aplicar o método ABCD em sua vida, e ainda conta com a minha mentoria e orientação para que você possa replicar as mesmas operações feitas por mim. Meus vídeos ganharam o apelido carinhoso de "copia e cola", porque tornam todo o processo muito simples: basta reproduzir o que eu faço.

Continue aprendendo e investindo no seu principal ativo: você. E não pare de explorar todas as possibilidades que esse mercado proporciona.

Espero ter apresentado informações relevantes, que possam mudar a forma como você enxerga o cartão de crédito, o qual, cá entre nós, é tão demonizado por educadores financeiros que desencoraja a população de ter uma nova fonte de renda.

De acordo com o célebre investidor Warren Buffet:

"*Se você não encontrar uma maneira de ganhar dinheiro enquanto dorme, você trabalhará até morrer*". O método ABCD é uma maneira comprovada de gerar renda extra de forma consistente.

E não esqueça: nunca deixe sua vida financeira nas mãos de terceiros, assuma o controle e comece já a investir em si mesmo, com o método ABCD.

"

A oportunidade de conquistar a liberdade financeira está ao alcance de quem assume o compromisso e toma a decisão de agarrá-la.

Bruno Leite

Cintia Almeida

Meu nome é Cintia Jesus de Almeida, filha de Vilmar e Ediurça, sou casada com Ricardo e mãe de Júlia e Pedro. Cristã, sou uma filha muito amada e abençoada por Deus.

Bacharel em Direito e advogada dede 2013, me especializei em Direito e Processo do Trabalho, Direito de Família e Planejamento Patrimonial e Sucessório. Sou membro da Comissão de Direito de Família e Sucessões da OAB de Jundiaí (SP), com experiência na área empresarial, contencioso, consultivo e preventivo.

Ajudo pessoas a solucionarem conflitos, a pensarem na organização dos seus bens em vida e na melhor forma de transferirem seu patrimônio aos seus herdeiros e sucessores.

@cintiaalmeida_adv
(11) 93254-5965
contato@cintiaalmeidaadv.com.br
www.cintiaalmeidaadv.com.br

07

PLANEJAMENTO PATRIMONIAL E SUCESSÓRIO

Por Cintia Almeida

1 – Panorama sobre planejamento patrimonial e sucessório

Nesta obra, temos a oportunidade de aprender sobre como evoluir financeiramente e gerir nossas finanças de forma inteligente. Aprendemos a importância de investir, de realizar a gestão dos riscos e muito mais, por meio de ensinamentos de profissionais de alto nível de conhecimento e prática na área financeira.

Tenho a honra de apresentar, sob a ótica jurídica, ferramentas que ajudam as pessoas a planejarem o futuro do patrimônio que está sendo ou que já foi construído ao longo da vida, fruto de uma eficaz evolução financeira.

Em meus atendimentos e atuações, percebi que as pessoas costumam procurar um profissional da área jurídica somente após o fato gerador dos prejuízos ocorrer. Então, minha principal motivação é a de informar as pessoas sobre a importância da consultoria e da assessoria jurídica preventiva.

O tema planejamento patrimonial ganhou mais visibilidade com a pandemia da Covid-19, que levou a muitas perdas familiares e, consequentemente, dilapidação do patrimônio de famílias que não esperavam ter tantos danos em um curto espaço de tempo. Nesse período, muitos falecimentos se refletiram diretamente na divisão do patrimônio por meio dos inventários (sucessão).

Um inventário no Brasil custa em torno de 11 a 20% sobre o valor dos bens inventariados, uma vez que que cada Estado tem uma alíquota de tributação do ITCD (Imposto de Transmissão por Doação e *Causa Mortis*), que varia de 2 a 8%, além dos custos com honorários, despesas com cartórios ou custas processuais.

Quando tratamos da sucessão patrimonial, o planejamento sucessório é um dos temas mais importantes e atuais, pois a organização do patrimônio em vida gera economia na tributação, conservação e manutenção dos bens, além de diminuir os conflitos familiares e a dilapidação de tudo o que a pessoa construiu ao longo da vida. Ainda, a organização patrimonial em vida permite decidir, dentro dos limites legais, quem herdará os bens, sucederá nos negócios e administrará a transmissão de todo o legado da pessoa após seu falecimento.

2 – Quem precisa de planejamento?

Até pouco tempo, somente famílias com alto patrimônio procuravam entender os instrumentos do planejamento sucessório, a fim de proporcionar um pouco de paz e diminuir a dor decorrente do falecimento de um ente querido. Hoje, diante da realidade fática e cultural, vemos que um único bem imóvel e filhos de diversos relacionamentos são o suficiente para termos problemas que poderiam ser evitados ou amenizados com algum instrumento jurídico. Assim, não seria necessário haver o moroso e desgastante processo de inventário e a partilha judicial.

Podemos imaginar a situação na qual os genitores, em vida, façam a doação do patrimônio aos herdeiros legítimos (ascendentes, descendentes, cônjuge ou companheiro sobrevivente), reservando para si apenas o usufruto dos imóveis – o que minimizaria, ou até evitaria, a necessidade de um ou dois inventários no futuro.

Ainda, com a globalização e todos os avanços tecnológicos, surgem questionamentos envolvendo herança digital e bens tecnológicos em geral (perfis em redes sociais com muitos seguidores, canais pessoais patrocinados na internet etc.). Como soluções jurídicas para questões de planejamento sucessório, existem algumas ferramentas que podem ser utilizadas de forma personalizada, tratando cada situação de forma individual, com um planejamento inteligente e responsável, além de obedecer às normas de ordem pública.

3 – Instrumentos de planejamento

Há várias ferramentas de natureza cível, societária, tributária, contábil e financeira que podem ser utilizadas na elaboração de um planejamento sucessório sólido, que atenda aos objetivos de cada pessoa e/ou grupo familiar.

Seguem alguns dos instrumentos que podem ser utilizados no planejamento:

3.1 – Pactos antenupciais, contrato de convivência, regime de bens – modificação e escolha prévia

O pacto antenupcial é o documento elaborado pelo oficial do cartório antes da escritura pública do casamento. Nele, pode-se definir o patrimônio incomunicável e fazer a escolha do regime de bens aplicável com o casamento – o que afetará diretamente a partilha dos bens em caso de divórcio ou morte.

O contrato de convivência ou união estável também permite a escolha do regime de bens a vigorar na união estável, ou mesmo a modificação do regime de bens já praticado.

Os regimes típicos e atípicos previstos na legislação civil atual e aplicáveis aos casamentos e uniões estáveis são: a comunhão parcial de bens; a comunhão universal de bens; a separação total de bens; a participação final dos aquestos; e misto.

A partir do Código Civil de 2002, o regime de bens passou a ter bastante influência sobre o direito sucessório e precisa ser primordialmente observado no planejamento.

3.2 – Doação e usufruto

Ato pelo qual o doador compromete-se a transferir um bem de sua propriedade ou vantagens para o patrimônio de outrem, o donatário.

Nas doações, é preciso avaliar a necessidade ou não de instituição de usufruto e de cláusula de reversão, a fim de antecipar potenciais conflitos e, também, prever as questões tributárias envolvidas.

3.3 – Compra e venda

É a realização de venda de bens entre ascendente e descendente (pais e filhos). É importante ter cautela com esse instrumento, a fim de evitar que o ascendente possa beneficiar um dos seus descendentes, em prejuízo dos demais. O Código Civil veda a alienação do bem sem que os outros herdeiros expressamente concordem com o ato.

3.4 – Testamento

Documento por meio do qual uma pessoa expressa sua vontade em relação à distribuição dos seus bens, que acontecerá depois da sua morte, ou expressa sua vontade sobre questões que envolvem assuntos pessoais e morais.

3.5 – Codicilo

É um "pequeno escrito" que constitui uma disposição testamentária de pequena monta ou extensão; um ato de última vontade que dispõe sobre assuntos de pouca importância, despesas e dádivas de pequeno valor.

Podem ser incluídas no codicilo regras a serem observadas por ocasião do enterro, para a destinação de móveis, roupas, joias de pouco valor e de uso pessoal. Ainda, diante da nova realidade digital, entendemos que pelo codicilo é possível destinar sua herança digital, indicando quem irá gerir e desfrutar das contas em redes sociais, e-mails, Facebook, milhas aéreas etc.

3.6 – Testamento vital

Trata-se de um documento em que a pessoa determina, de forma escrita, que tipo de tratamento deseja para a ocasião em que se encontrar doente, em estado incurável ou terminal, incapaz de manifestar sua vontade. Nesta modalidade de testamento, a pessoa pode decidir que não quer ser mantida viva através de aparelhos, por exemplo.

3.7 – Seguro de vida e seguro sucessório

São ferramentas essenciais para a gestão de riscos e planejamento patrimonial, pois, no chamado "modelo americano", asseguram a proteção financeira da pessoa física em vida, evitam ou minimizam a dilapidação do patrimônio na sucessão e protegem as cotas da pessoa jurídica (seguro sucessório).

3.8 – Fundo de investimentos

É uma comunhão de recursos, sob a forma de condomínio, que se destina à aplicação de títulos e valores mobiliários ou a qualquer ativo disponível no mercado financeiro.

No planejamento sucessório, os fundos fechados restritos são bastante utilizados, pois permitem que a partilha seja feita em vida, com a doação de cotas aos herdeiros. É um instrumento utilizado com frequência para a gestão de grandes fortunas familiares, seja em razão dos benefícios tributários, seja em vista da profissionalização dos respectivos gestores e custodiantes, ou, ainda, em razão da rigorosa fiscalização dos órgãos competentes.

3.9 – Holding familiar

Dentro do planejamento sucessório, *holding* se relaciona à redução da carga tributária, à transmissão causa mortis de cotas sociais, à agilidade no processo de inventário e à possibilidade de centralização do controle/administração e de doação das cotas com reserva de usufruto e poderes de gestão.

Na *holding* imobiliária ou patrimonial, transfere-se patrimônio imobiliário de pessoas físicas para a pessoa jurídica constituída para esse fim.

3.10 – Cláusulas especiais

Quando o proprietário da futura herança não deseja que outras pessoas, senão seus sucessores, beneficiem-se com sua morte, é possível incluir nos instrumentos de doação e testamento, por exemplo, as cláusulas de incomunicabilidade, impenhorabilidade, inalienabilidade, usufruto, reversão e dispensa de colação.

4 – Conclusão

Todo o processo de análise acerca do melhor instrumento a ser utilizado para cada situação precisa ser feito por uma equipe multidisciplinar, com advogados especialistas em direito de família, sucessões, direito societário, contadores e especialistas financeiros.

Assim, por meio de ferramentas e técnicas jurídicas, é possível que as pessoas que se planejam hoje desfrutem de um futuro, sem depender apenas do destino incerto determinado pela nossa legislação, que é aplicada pelo Judiciário de maneira muito dinâmica.

Pensar no futuro com consciência e autorresponsabilidade tem tudo a ver com planejamento do patrimônio em vida, sabendo para quem e como será transferido tudo o que você construir ou já construiu ao longo da vida, a partir da evolução financeira.

As referências bibliográficas desse capítulo estão no Anexo localizado na última página do livro.

"

Planejar hoje permite que as pessoas desfrutem de um futuro e não dependam somente de um destino incerto.

Cintia Almeida

Eliane Farina

Sou Eliane, nascida em Xaxim (SC), casada com Milton Luiz e mãe de dois meninos. Tenho MBA em Gestão Financeira Aplicada e construí minha carreira bancária indo de estagiária a gerente de agência, trabalhando por 33 anos em três instituições financeiras renomadas.

Entusiasta do *lifelong learning*, comecei a estudar Programação Neurolinguística em 2016 e me formei como *trainer*, master e *practitioner* em *PNL coaching* e mentora de finanças, gestão e liderança, vida e carreira. Empreendedora, ajudo as pessoas a ajustarem seu termostato financeiro e se desenvolverem profissionalmente por meio do autoconhecimento, para uma vida abundante.

@elianefarina.mentora
(49) 99977-5453
elianefarinaa@gmail.com
Eliane Farina Mentora

08

INTELIGÊNCIA FINANCEIRA

Por Eliane Farina

Desde cedo, lidamos com uma série de situações ligadas ao dinheiro. Para tirar maior proveito dele, é essencial usá-lo com inteligência, da forma mais favorável a você. O aprendizado e a aplicação de conhecimentos práticos de reprogramação de pensamentos e educação financeira consciente contribuirão para melhorar a administração das suas finanças, tornando sua vida mais tranquila e equilibrada.

Esses ensinamentos o capacitarão para o empoderamento financeiro, fazendo bom uso do sistema financeiro e facilitando a realização de sonhos. O ser humano é movido por sonhos; são eles que motivam e norteiam os desejos e anseios pelo futuro. Por meio deles, é possível visualizar aonde se quer chegar. Para cada sonho, seja o de construir um mundo mais humano, estreitar um relacionamento ou retomar uma velha amizade que se desgastou com o tempo, é preciso dispor de recursos financeiros.

Você já pensou sobre o que tem feito para tornar seus sonhos realidade? A boa gestão financeira aumenta suas chances de atingir suas metas. Então, aproveite o conteúdo deste capítulo e acredite na beleza dos seus sonhos. Comece a mudança por meio de suas atitudes: querendo, buscando e realizando.

São princípios de uma vida abundante:

- Pensamentos conduzem a sentimentos;
- Sentimentos conduzem a ações;
- Ações conduzem a resultados.

O modelo financeiro de uma pessoa consiste nessa combinação: pensamentos, sentimentos, ações e resultados. Como se forma, então esse modelo? Ele se constitui, fundamentalmente, das informações ou programações que a pessoa recebeu no passado – sobretudo na infância. Ambiência familiar, escola, líderes religiosos, mídias e cultura: tudo está registrado no nosso subconsciente.

Como mudar ou melhorar isso? Com técnicas da programação neurolinguística, libertando-se de crenças limitantes em relação ao dinheiro e ao merecimento. Para rever seu modelo financeiro, comece mudando sua programação verbal:

Parte 1 – Tomando consciência: escreva frases que você ouvia sobre dinheiro e riqueza quando era criança.

Parte 2 – Entendendo: descreva como essas frases afetam sua vida financeira, hoje.

Parte 3 – Dissociando: perceba que esses pensamentos representam apenas o seu passado. Trata-se de um aprendizado que não faz parte da sua anatomia, não representa quem você é. Conecte-se ao agora.

Faça uma declaração para si mesmo: o que eu ouvia sobre dinheiro não é necessariamente verdade. Opto por adotar novas formas de pensar que contribuem para o meu sucesso, minha prosperidade e felicidade. **Eu sou abundante**.

Os exemplos têm um poder de influência muito forte em nossas vidas, principalmente na infância. Seguimos o exemplo dos nossos pais; depois, dos amigos, e assim por diante. Se você conviveu, viu e ouviu seus pais dizerem que eles guardariam dinheiro para dias difíceis, o que acabava acontecendo? Dias difíceis.

A inteligência financeira começa com a mudança e a ressignificação dos exemplos.

Parte 1 – Tomando consciência: pense no modo de ser e nos hábitos dos seus pais em relação ao dinheiro; liste em que aspectos você se considera igual ou oposto a eles.

Parte 2 – Entendendo: descreva qual efeito esse exemplo vem causando na sua vida financeira.

Parte 3 – Dissociando: você olha para o seu passado e compreende que esse aprendizado a partir do exemplo não é você? Você percebe que tem a opção de ser diferente?

Agora, faça uma declaração para si mesmo: meu exemplo relacionado ao dinheiro veio dos meus pais; agora, eu escolho a minha maneira de ser. **Eu sou e tenho uma mente abundante**.

Outra influência no modelo financeiro de uma pessoa são os episódios específicos ocorridos na infância. Por exemplo: uma criança, quando ouvia a buzina de um caminhão de sorvete passando em sua rua, corria até a mãe e pedia a ela uma moeda. Ela respondia, prontamente: "Eu não tenho! Peça para o seu pai". O pai, então, lhe entregava a moeda e a criança corria para comprar o sorvete.

Esse exemplo apresenta duas reflexões: primeiro, a de que quem tem dinheiro é o pai. Segundo que o dinheiro proporciona prazer imediato. Então, você passa a gastar tudo o que ganha. Esse comportamento segue na vida adulta, baseado no pensamento de que "alguém tem que me dar dinheiro". Isso pode gerar conflitos, até que, um dia, sua única opção é a mudança. Para isso, voltamos ao exercício.

Parte 1 – Tomando consciência: pense num episódio emocional específico de sua infância relacionado a dinheiro.

Parte 2 – Entendendo: descreva como esse episódio pode ter afetado a sua vida financeira atual.

Parte 3 – Dissociando: você olha para o seu "eu" no passado e compreende que esse modelo é apenas o aprendizado que já ocorreu, e não quem você é?

Agora, faça uma declaração para si mesmo: "Eu me liberto das experiências passadas e negativas com o dinheiro e crio um futuro próspero e abundante para mim. **Eu estou no comando de minhas escolhas; eu sou próspero e abundante**.

Você compreende o que está programado no seu modelo de dinheiro? Qual é o seu modelo financeiro e de sucesso e para quais resultados ele está te levando, subconscientemente?

É hora de baixar as máscaras, trocar as roupas e encarar o espelho da sua vida. Você está programado para o sucesso, para a mediocridade ou para o fracasso financeiro? Está programado para viver na dureza ou para criar sua fortuna? Para batalhar por dinheiro ou trabalhar de forma equilibrada?

A maioria das pessoas acredita que o sucesso dos negócios depende das suas qualificações e dos seus conhecimentos, mas não é bem assim. O sucesso depende do modelo de dinheiro que você valida. A lei subconsciente da relação entre a mente e o dinheiro, além da ação, é o que determina a sua realidade.

Depois de fazer esse exercício de reprogramação de mentalidade financeira abundante, escreva um e-mail para você mesmo, para o seu eu atual, e descreva aquilo que você buscará e como quer estar daqui a um ano; e outro para você daqui a cinco anos. Faça isso usando o verbo no presente. Coloque na sua agenda um lembrete para abrir essas mensagens futuramente e se surpreender.

Quem é inteligente busca a companhia de indivíduos positivos e bem-sucedidos: assim são as pessoas com mentalidade rica. Outra ação inteligente é ler biografias de pessoas extremamente ricas e bem-sucedidas. Use tais histórias para se inspirar e aprender estratégias de sucesso específicas. E, o mais importante: modelar a sua programação mental. Projete-se na sua história e aja. Foque sempre no equilíbrio que deve haver entre dar e receber.

Inteligência é fazer com que o dinheiro seja o meio para realizar sonhos. É sobre quem você se torna para conquistar a liberdade geográfica e financeira.

A inteligência financeira se tornará um hábito desde que você entenda o ciclo pela busca dessa independência. Tal ciclo começa pelo diagnóstico e pela conscientização. Para isso, você deverá:

- Reunir sua família e fazer o diagnóstico das suas despesas, incluindo as crianças e os *pets*. Anote seus ganhos e gastos; se tem dívidas; se possui dinheiro guardado (e quanto); e se tem imóveis e veículos. Com isso, você assumirá o controle da sua vida financeira.

- Os sonhos são as motivações que o farão guardar dinheiro. É importante anotar os sonhos coletivos e individuas de sua família a curto, médio e longo prazo. Estabeleça custos e quanto deverá poupar para realizá-los. Priorize os seus sonhos e guarde dinheiro para cada um deles.

O equilíbrio entre planejamento e orçamento é fundamental após o diagnóstico. Assim, você saberá quanto dinheiro poderá destinar de seus rendimentos a fim de saldar seus compromissos e realizar seus sonhos. Você deve poupar entre 10% e 30% do que ganha, diversificar investimentos e acompanhar os resultados obtidos. Nesse processo, persistência e constância são fundamentais e devem virar hábito para que você seja uma pessoa próspera e abundante.

Essa transformação só será possível se todos os familiares e o entorno estiverem envolvidos. Lembre: a verdadeira transformação começa por você, e nenhuma solução mágica será necessária. Por meio de algumas estratégias, você pode tomar as rédeas de sua vida, com atitude, disciplina e perseverança.

A medida da riqueza é o patrimônio líquido, isto é: a soma de tudo o que uma pessoa possui: dinheiro, imóveis e ações, subtraídos os valores de seus gastos e suas dívidas. O patrimônio líquido é a medida definitiva do nível de riqueza, porque, se for necessário, os bens podem ser liquidados, ou seja: convertidos em dinheiro. A construção de um patrimônio líquido resulta de uma equação que contém quatro elementos: rendimentos, poupança, investimentos e simplificações:

- **Rendimentos:** é o que você ganha por seu trabalho – o seu salário ou a participação de lucros da empresa, caso seja empresário. Ele é o motor na construção do patrimônio líquido.
- **Poupança:** o ato de poupar é indispensável. Se você ganhar rios de dinheiro e não guardar, possivelmente, não fará fortuna alguma.
- **Investimentos:** saber comprar é saber investir; diversificar os investimentos com níveis de liquidez também é inteligência financeira: liquidez de curto, médio e longo prazo. Se você não souber fazer isso, existem excelentes consultores financeiros para auxiliá-lo.
- **Simplificações:** para ser inteligente financeiramente é fundamental adequar seu estilo de vida e reduzir gastos, a fim de gerir seu patrimônio. Não importa quanto você ganha, mas quanto guarda.

Tenha o hábito de economizar e construir seu patrimônio. Crie uma planilha começando do zero, a qual preencherá mês a mês. Acompanhe e não negocie objetivos e metas. Lembre: aquilo que focamos expande, e o que observamos mensuramos e melhoramos. Onde está seu foco está sua força. A energia flui e os resultados aparecem.

"

Inteligência é fazer com que o dinheiro seja o meio para realizar sonhos. É sobre quem você se torna para conquistar a liberdade geográfica e financeira.

Eliane Farina

Eric Leonardo

Meu nome é Eric Leonardo, sou pai da Luiza, filho e marido, especialista em fundos imobiliários, analista CNPI e um leitor assíduo (com mais de 150 livros lidos).

Invisto na bolsa desde 2012 e trabalho com o mercado financeiro, auxiliando pessoas a investir melhor. Sou monitor de conteúdo do Grupo Primo (@thiago.nigro) e ajudo nas turmas de treinamento do curso Do Mil ao Milhão.

Meus investimentos em fundos imobiliários se iniciaram em 2017, e hoje consigo gerar uma renda passiva que é suficiente para pagar boa parte dos meus custos. Assim, acredito que esse tipo de investimento é o melhor para tal fim.

@eric_f_leonardo
liberdadeelogoali.lla@gmail.com
@liberdadeelogoali

09

UMA NOVA ALTERNATIVA PARA INVESTIR EM IMÓVEIS

Por Eric Leonardo

1. O valor da terra

Nos primórdios da civilização, o ser humano se deslocava na constante procura por alimentos, na maioria das vezes acompanhando os próprios animais que pretendiam caçar. Isso era característica dos povos nômades, ou seja, que não permaneciam nas mesmas terras.

Como eram nômades, os homens não davam valor às terras, pois elas não possuíam donos. Eles migravam de um local para outro, à procura de alimentos. Porém, nessa procura, perceberam que alguns locais eram melhores que outros: isto é, alguns lugares tinham proteções naturais contra predadores e a temperatura era mais amena, além de serem próximo de rios, o que permitiu com que a agricultura fosse desenvolvida.

Nesse contexto surgiu a Mesopotâmia – uma palavra de origem grega que significa terra entre rios – e, com ela, a civilização começou a se desenvolver, pois os rios, além de saciarem a sede das pessoas, serviam como meio de transporte e, principalmente, irrigavam as plantações. Com isso, o homem começou também a dar valor às terras, pois era muito mais fácil um agricultor cuidar de um terreno próximo ao rio do que distante dele.

Até esse momento, mesmo os homens já atribuindo certo valor às terras, não havia disputas por elas, já que os espaços eram abundantes em relação ao tamanho da população.

Com o passar dos anos a população foi crescendo, reinos foram sendo formados, e, entre os anos de 1066 e 1087, o então rei da Inglaterra Guilherme I conquistou a Normandia (atualmente localizada no norte da França), sendo sucedido por outros reis, até chegarmos ao rei João Sem-Terra. Esse último não foi tão bem-sucedido como seus antecessores, perdendo diversas batalhas no norte da França.

A fim de custear as guerras e as sucessivas derrotas, João Sem-Terra aumentou os impostos cobrados dos nobres ingleses. Esses não gostaram da nova medida e se uniram contra o rei, exigindo que ele assinasse um documento que limitava os poderes da monarquia. Tal documento ficou conhecido como Carta Magna, que reconhecia direitos humanos fundamentais, os quais vigoram até hoje.

A Carta Magna instituiu, dentre outros direitos, o da propriedade privada. Ou seja, o rei não poderia abusar de seu poder para tomar novas terras para si. Com isso, as propriedades começaram a ter valor, pois eram protegidas por direito.

Mais adiante, com a Revolução Industrial, a terra passou a ser negociada, dando início à sua compra e venda. Dessa forma, **a terra passou a ter valor de mercado**, já que era fundamental possuir terrenos para a produção industrial.

E isso nos traz aos dias atuais. A população continuou a crescer e as propriedades continuaram a ser valorizadas, pois são bens escassos, e os bens que temos no planeta são finitos.

Como já entendemos quão valiosas são as terras, ou melhor, os imóveis, **posso afirmar que investir nesses ativos é uma maneira de proteger seu patrimônio,** pois, como descrevi, o valor da terra provou-se no tempo.

2. Investimentos imobiliários

Investir no setor imobiliário sempre foi bem-visto pelo investidor, principalmente o brasileiro, nos períodos inflacionários. Quem nunca ouviu, principalmente dos nossos pais e avós, que ter a casa própria era o sonho de todos?

O imóvel sempre foi visto como um porto seguro contra a queda do poder de compra da moeda. Isso não é válido somente para os períodos de hiperinflação dos anos 1980 e começo dos anos 1990. Mesmo nos dias atuais, essa questão é importante, quando a inflação de 6% ou 7% ao ano já nos deixa em estado de alerta.

Um imóvel é sinônimo de segurança por sua capacidade de repassar a inflação na renda gerada, seja por meio dos aluguéis, seja na valorização do bem. Mas sempre existiram custos em investir diretamente nos imóveis, custos esses que muitas vezes passam despercebidos, como:

- baixa liquidez: vender um imóvel não é fácil, muito menos rápido. Meses se passam entre a negociação e a concretização do negócio, sem contar toda a burocracia inerente e as taxas;
- gestão: quem já fez gestão de ativos imobiliários, sejam comerciais, sejam residenciais, sabe o quão trabalhoso é o relacionamento com locatários, a realização de manutenções no imóvel, o controle das cláusulas de contrato etc. Enfim, tocar a rotina dessa relação não é algo simples;
- capital mínimo para investimento: quando se decide investir em imóveis na maneira tradicional, isto é, adquirindo diretamente os ativos, é requerido um desembolso elevado para tal. Pense que para comprar um apartamento para locação, por exemplo, a depender da localização e do tamanho do imóvel, os valores podem superar facilmente 300 ou 500 mil reais; e
- tributação sobre o aluguel: se os valores mensais recebidos de aluguel ultrapassarem um determinado valor, além da entrega da declaração, o proprietário do imóvel também é obrigado a pagar o imposto mensal sobre esse rendimento. Para isso, o contribuinte deverá emitir o Documento de Arrecadação da Receita Federal (Darf).

Com isso, no dia 25 de junho de 1993, o então Presidente da República Itamar Franco assinou a Lei nº8.668, instituindo os fundos de investimentos imobiliários (que, a partir de agora, mencionarei como FIIs). Tais fundos se tornariam uma nova alternativa que permitiriam à pessoa que investe expor parte de seu patrimônio ao setor imobiliário, por meio de um veículo mais eficiente, solucionando os quatro pontos levantados anteriormente:

- os FIIs têm uma liquidez muito boa para o investidor pessoa física. Tal liquidez cresce mês após mês com o desenvolvimento do mercado. Facilmente encontramos fundos imobiliários negociando mais de R$5 milhões por dia na Bolsa de Valores – lembrando que a liquidação da operação ocorre em dois dias, e falamos de um processo totalmente digital –, bem diferente da negociação de imóveis;
- os FIIs são geridos por profissionais do ramo: não existe mais aquela ligação do inquilino no meio da tarde de sábado, interrompendo o seu momento de lazer em família. Além dessa tranquilidade, ter um gestor profissional tocando a operação garante mais força na negociação com locatários; afinal, estamos

falando de um profundo conhecedor do mercado, com escala para obter diversas vantagens para o fundo;

- baixo valor de investimento inicial. São dezenas os fundos imobiliários cujas cotas são negociadas por cerca de R$ 100 – alguns abaixo disso –, ou seja, pequenos investidores podem ter em seu portfólio de investimentos uma participação em prédios de alta qualidade nas melhores localizações, ou condomínios logísticos ocupados por gigantes do e-commerce, tudo isso sem a necessidade de desembolso de altos recursos; e

- os rendimentos distribuídos pelos FIIs são isentos de tributação de imposto de renda (Lei nº 11.033/2004), o que é um ponto muito positivo, já que os aluguéis de imóveis físicos são tributados (acima de um determinado valor). Isso revela uma grande vantagem sobre o investimento direto em imóveis físicos.

Em resumo, um FII é a reunião de investidores que têm o intermédio de um gestor/administrador que capta seus recursos, compra imóveis e repassa aos investidores os aluguéis proporcionais às suas cotas – sendo tais cotas negociadas na Bolsa de Valores.

3. Investir em FIIs é seguro?

Você deve estar pensando: "Investir na bolsa de valores é como frequentar um cassino", ou "Eu posso perder todo o meu dinheiro; prefiro comprar um imóvel físico". Mas não se preocupe, pois o meu objetivo é mostrar que investir em FIIs é algo muito seguro, já que há um arcabouço legal que protege o investidor.

A mais importante das regras é a Lei nº 8.668/93, que dispõe sobre a constituição e o regime tributário dos FIIs. Nela, existem alguns pontos importantes:

- a CVM (Comissão de Valores Mobiliários) é a autarquia responsável por autorizar, disciplinar e fiscalizar a constituição, o funcionamento e a administração dos fundos de investimento imobiliário;

- todo fundo imobiliário é obrigado a ter uma administradora; e
- todos os ativos comprados pelo fundo imobiliário ficam sob a propriedade **fiduciária** da administradora, assim como seus rendimentos.

Esse último item é importante porque o patrimônio do fundo não se comunica com o patrimônio da administradora. Ou seja, se a administradora tiver algum problema ou alguma dívida, o patrimônio do fundo não será usado para sanar essa pendência.

Mas um FII pode falir?

Isso é praticamente impossível. Sempre tenha em mente que um FII é constituído de ativos, que estarão sempre ali (salvo em caso de sinistros e, mesmo assim, eles possuem seguro). Quem pode falir é a administradora.

Se isso acontecer, dois caminhos podem ser tomados:

1) convoca-se uma assembleia extraordinária e uma nova administradora é colocada; ou

2) se o fundo fechar, os ativos são vendidos, e então é feita a amortização do valor. Isto é: cada cotista recebe o valor das vendas proporcionalmente ao que tinha de cotas do fundo.

4. CONCLUSÃO

Espero que você tenha entendido as vantagens de investir em fundos imobiliários como uma alternativa. De maneira alguma quero aqui dizer que você não deve investir diretamente em imóveis físicos. Porém, a atual situação econômica do Brasil nos obriga a buscar alternativas para potencializar o ganho sobre o nosso capital.

Os FIIs se destacam por apresentarem vantagens significativas em relação ao investimento direto em imóveis físicos, como mais liquidez, baixo capital inicial, isenção de impostos sobre os rendimentos e a segurança da gestão professional.

Por outro lado, precisamos fazer as mesmas avaliações realizadas em imóveis físicos, como vacância (taxa de ocupação), quantidade e tipos de inquilinos, bem como a localização dos imóveis etc.

De qualquer maneira, é muito importante que, antes de investir, sempre se estude muito bem os ativos; e, se possível, conte com a ajuda de profissionais certificados que possam auxiliá-lo a tomar as melhores decisões.

"

Invista em fundos imobiliários e tenha a tranquilidade de saber que sua renda passiva está garantida, mesmo em tempos de crise.

Eric Leonardo

Fernanda Sacramento

Me chamo Fernanda, sou formada em Economia pela UFRRJ, pós-graduada em Engenharia Econômica pela UERJ e tenho outras especializações em Educação Financeira.

Sou empregada pública desde 2013, atuante na área de planejamento financeiro e mentora de finanças pessoais.

Atendo exclusivamente mulheres, porque meu propósito é dar a elas autonomia para que, assim como eu, possam realizar os seus mais diversos objetivos.

Acredito que para termos uma vida financeira organizada precisamos conhecer o nosso padrão de consumo.

Para mentoria, entrevistas e/ou palestras:

fernandasacramentoo
fernandamsacramento
fernanda@fesacramento.com.br

10

GASTE COM CONSCIÊNCIA

Por Fernanda Sacramento

Gastar é um verbo gostoso de falar e de colocar em prática, não é mesmo? Mas, infelizmente a maioria de nós, brasileiros, não aprendeu a usá-lo da forma correta. Culturalmente, não somos ensinados a lidar bem com o nosso dinheiro. De acordo com o Censo Demográfico de 2010, feito pelo IBGE, cerca de 22,4% da população tem uma renda mensal domiciliar de até um salário-mínimo.

Com essa realidade, o primordial é ter comida na mesa. A necessidade de sobrevivência fala mais alto. Muitas infâncias foram e são marcadas por pais trabalhando dia e noite para sustentar a família. No entanto, crescemos ouvindo que devemos economizar, para que não passemos pelas mesmas circunstâncias. Mas não aprendemos isso na escola; já nossos pais, na maioria das vezes, também não têm um conhecimento embasado sobre o assunto. Eles passam a vida driblando os problemas para que tenhamos um futuro diferente. Mas, infelizmente, essa realidade acaba se perpetuando de geração em geração.

Quando atingimos a nossa vida adulta, passamos a trabalhar e a receber um salário, mas não sabemos lidar com ele. Por tudo que vivenciamos na infância e adolescência, desejamos "recuperar" o tempo perdido. Compramos itens e nos permitimos realizar sonhos. No entanto, isso normalmente tem um preço alto.

Com a correria do dia e o estresse do trabalho, passamos a compensar algumas frustações e, sem perceber, o dinheiro vai indo embora. No início do mês, ao recebermos nosso salário, pagamos os boletos e, muitas vezes, a conta já fica zerada.

Se eu lhe perguntar: "Você sabe exatamente com o que gasta o seu dinheiro?", muito provavelmente você me responderá que sim, mas se for olhar detalhadamente vai se surpreender. E sabe por quê? Porque estamos acostumados a fazer cálculos mentais. Nos acostumamos a pensar que gastamos x ou y em uma ida ao shopping ou em um pedido de comida por aplicativo. Mas, quando colocamos no papel, normalmente a realidade é bem diferente. E isso é muito comum, porque não aprendemos a controlar o nosso dinheiro. Só que, com o passar do tempo, sentimos a necessidade de ter uma vida financeira organizada.

Quantas vezes, no início do mês, você ficou chateado por ter a sensação de trabalhar só para pagar contas? Quantas vezes você desejou passar férias em um local, mas não tinha dinheiro suficiente para isso? Quantas vezes desistiu de viajar porque precisava do dinheiro das férias para pagar boletos? E você, autônomo, quantos anos você passou sem tirar férias, já que, sem trabalhar, não recebe?

É o acúmulo dessas frustrações que faz com que decidamos nos organizar. Porém, a partir dessa decisão, muita coisa entra em jogo. Primeiro, você não sabe por onde começar, mas se esforça e passa a anotar seus gastos. Quando percebe que gasta muito além do que imaginava, já dá uma bloqueada. Isso acontece porque o nosso cérebro não gosta e não está acostumado a aceitar que tomou decisões ruins. Daí, o desânimo em manter o controle das suas finanças aparece novamente.

Porém, muitas pessoas conseguem ultrapassar a barreira do desânimo nesse primeiro contato com sua realidade financeira e fazem o controle por alguns meses. Mas, adivinhe? Não conseguem manter esse controle a longo prazo. Isso ocorre porque ninguém nos diz que, mais importante do que controlar os nossos gastos, é saber como gastamos o nosso dinheiro, e por que compramos o que compramos.

Quantas pessoas você conhece que ganham relativamente bem e estão sempre endividadas? Ou quantas outras recebem um salário-mínimo e têm dinheiro guardado ou investido? Isso acontece porque o importante não é quanto você ganha, mas a forma como gasta!

Quando entendemos que compramos um determinado item sempre que estamos tristes ou felizes, as coisas começam a mudar. Ao olharmos com sinceridade para todas as nossas compras, começamos a entender o nosso padrão de consumo. E isso vai desde o pãozinho francês de todos os dias aos itens mais caros. E, como o meu objetivo é ajudá-lo a pensar de forma mais inteligente e consciente, vou propor um exercício simples, mas muito eficaz:

1. Separe uma hora da sua semana em que você consiga se concentrar.

2. Depois, pegue a última fatura fechada do seu cartão de crédito.

3. Anote todas as suas compras e seus valores (se forem parceladas, coloque a quantidade de parcelas, o valor de cada uma e o valor total da compra).

4. Feito isso, analise cada compra e tente lembrar o real motivo que o levou a efetuar essa compra, e como estava se sentindo.

Exemplo:

DATA	COMPRA	QUANTIDADE DE PARCELAS	VALOR DAS PARCELAS	VALOR TOTAL DA COMPRA	MOTIVO / COMO ESTAVA ME SENTINDO?
10/3/2023	Calça jeans	6	R$ 50,00	R$ 300,00	Estava precisando de uma calça nova. Fui ao shopping depois de um dia cansativo.

5. Observe se nessa ida ao shopping você comprou apenas a calça ou se fez outras compras.

6. Abra o seu guarda-roupa e analise se realmente precisava da calça naquele momento.

O objetivo desse exercício é fazer com que você passe a tomar decisões inteligentes em relação à maneira como usa o seu dinheiro. Ao fazer isso com todas as suas compras, você começará a perceber o seu padrão de consumo; ou seja, por que você compra o que compra e por que gasta da forma que gasta.

Usando o exemplo acima, você pode abrir o seu armário e identificar que realmente precisava da calça ou perceber que não precisava dela, mas que, naquele momento, ela representou um conforto e ficará atento às próximas compras.

Para que tenha esse conhecimento, é muito importante que você seja sincero consigo mesmo quando for analisar seus motivos e como se sentia, porque só assim você se conhecerá de verdade. Será a partir disso que conseguirá gastar com consciência.

O nosso cérebro gosta de recompensas e de se sentir inteligente. Experimente, antes de comprar qualquer item, parar e pensar: "Preciso realmente disso agora?".

Independentemente da sua resposta, só por ter parado e pensado o seu cérebro já vai lhe enviar uma mensagem positiva. Provavelmente, você ficará feliz em ter refletido antes de comprar ou por perceber que não precisava do que adquiriu.

Gastar com consciência é extremamente prazeroso, principalmente no longo prazo. Quando você compra por impulso o prazer é imediato; porém, o arrependimento ou o vazio vem em seguida – ou quando chega a fatura do cartão de crédito.

Ao consumir de forma consciente você não deixa de consumir, mas faz escolhas inteligentes, e isso faz muita diferença. Frequentemente, você comprará algo para suprir uma necessidade – e está tudo bem, desde que você tenha essa noção.

Além de nos perguntarmos se devemos comprar ou não, outra prática que precisa estar alinhada a essa é a da reutilização e destinação de alguns itens. Normalmente, quando pensamos em comprar roupas novas, logo nos vemos indo ao shopping ou a alguma loja de rua, certo? Mas você sabia que existem diversos brechós que vendem roupas seminovas e usadas pela metade do preço de uma nova?

Ter o brechó como uma opção de compra também deixa o seu cérebro feliz, porque, além da economia financeira que isso gera, você também está contribuindo para a sustentabilidade do nosso planeta, fazendo com que a moda circule. É maravilhoso adquirir uma peça em excelente estado a um preço muito acessível. E, quando você deixa roupas para serem vendidas e vê outras pessoas usando uma peça que te fez muito feliz, é prazeroso demais.

Outro ponto a ser ponderado é o momento de ir ao mercado. Quantas vezes você comprou além do necessário simplesmente porque foi às compras com fome? Ou então, se comprou demais, por que não levou uma lista com os itens de que precisava?

Como a alimentação é um dos principais itens da nossa sobrevivência, acabamos gastando sem necessidade e não percebemos. E uma atitude simples e eficiente é sempre levar uma lista do que precisa comprar e se ater a ela.

Outra medida que ajuda na economia é não ir com fome ao mercado. E, sempre que possível, faça suas refeições em casa. Além de poupar, o nosso planeta também agradece, uma vez que nem todos os estabelecimentos estão preocupados com a sustentabilidade.

Eu poderia listar mais diversas atitudes que contribuem para um consumo mais consciente e sustentável, mas o que quero frisar é "sempre pare e pense antes de comprar algo". Essa simples atitude com o passar do tempo transformará seus hábitos e tudo ao seu redor começará a se organizar. Inclusive, acredito que quando organizamos uma área das nossas vidas, as outras acabam se organizando também, automaticamente.

Para finalizar, peço que tenha atenção no uso do cartão de crédito. De acordo com a Pesquisa de Endividamento e Inadimplência do Consumidor (Peic), realizada em 2022, 86,6% das famílias endividadas tinham o cartão de crédito como principal modalidade de dívida.

Muitas pessoas veem o cartão de crédito como um extensor do salário, quando, na verdade, ele é só um meio de pagamento que deve ser usado com muita cautela e disciplina. De que adianta você ter um limite de R$ 20 mil se ganha R$ 10 mil por mês? A facilidade na utilização, a distância entre a compra e o seu pagamento real e a falta de organização influenciam no mau uso dele.

Infelizmente, muitos brasileiros o utilizam como forma de sobrevivência, uma vez que, ao receberem o salário e pagarem as contas, o saldo bancário já fica zerado ou negativo. É muito comum vermos pessoas quitando suas dívidas com o cartão de crédito e, depois, livrando-se dele. No entanto, enquanto não aprendermos a olhar para o cartão de crédito como um meio de pagamento, de nada vai adiantar cortá-lo, porque a probabilidade de essas pessoas encontrarem outras formas de financiar suas dívidas é muito grande.

O segredo para gastar com consciência e de forma inteligente é entender o seu padrão de consumo e pensar antes de comprar. Você perceberá que, mesmo quando cometer algum "deslize", logo conseguirá retomar o controle.

As referências bibliográficas desse capítulo estão no Anexo localizado na última página do livro.

"

O importante não é quanto você ganha, mas a forma como você gasta!

Fernanda Sacramento

Gessica Waltrick

Formada em Ciências Contábeis e pós-graduada em Controladoria Tributária, atuo na área desde os 17 anos. Após passar por dificuldades financeiras e sem perspectivas de mudança, optei por aprofundar meu conhecimento no setor financeiro e construir um novo futuro.

Ao elaborar métodos de controle e ver o orçamento financeiro no final do mês fechar, compreendi que esse era o caminho para a tão sonhada liberdade financeira.

Notei que não estava sozinha; por isso, desenvolvi o acompanhamento financeiro para empresas e pessoas que buscam mudar suas realidades e materializar seus sonhos, hoje por meio da empresa Ge Finanças.

@ge_finanças
(49) 99970-5220

11

LIBERDADE FINANCEIRA

Por Gessica Waltrick

A expressão liberdade financeira soa como algo imaginário, irreal, distante e até impossível para muitas pessoas. Mas e se eu dissesse que existe a chance de experimentá-la? Que todos podemos viver em paz com o dinheiro? A forma como cuidamos de nossas finanças dita a possibilidade de a liberdade financeira ser real ou irreal. Pessoas que hoje vivenciam tal realidade, em algum momento precisaram fazer escolhas, como usufruir do presente ou guardar para o futuro. Isso pode até dar a sensação de privação, mas, na realidade, é preciso entender que tudo tem seu tempo, seja para consumir ou investir.

A liberdade financeira nada mais é do que uma construção diária e contínua, que precisa de disciplina, foco e paciência, pois sonhos só se tornam reais quando saem do plano imaginário. Se você quer se sentir livre financeiramente, é necessário que isso se torne seu objetivo.

Aos 21 anos, estava casada havia pouco e vivia a transição de ter que contribuir com a renda familiar. Foi quando notei que os gastos iam muito além da renda mensal, que as contas estavam cada vez mais fora de controle. A minha sensação era a de estar destinada a viver endividada e sem perspectivas.

Sou de família humilde e, apesar de termos uma casa pequena de madeira, do banheiro no concreto e da cortina no boxe, posso dizer que tive alguns privilégios. Mas, por exemplo, nunca tivemos a possibilidade de fazer uma viagem em família, pois não sobrava dinheiro.

Mas não me resignei a esse destino: sempre sonhei em viajar, conhecer lugares, pessoas e culturas. Desejava que o dinheiro não se tornasse uma preocupação na minha velhice, queria garantir a minha saúde e a da minha família e poder materializar meus sonhos: ter aquela casa, aquele carro e poder estar onde quisesse. Mas, para que minha realidade mudasse, sabia que algo precisaria ser feito. Segundo Albert Einstein: "Loucura é querer resultados diferentes fazendo tudo igual".

Ainda não conquistei a liberdade financeira, mas é como disse: trata-se de uma construção diária, e já tenho data para alcançá-la. Posso senti-la a cada dia se tornando mais real. Então, se você me perguntasse se acredito nessa conquista, a resposta seria sim, um grande **sim**!

Tudo isso foi possível ao entender que precisava mudar meus hábitos financeiros, que o zelo de hoje seria a chave para a liberdade financeira de amanhã. Atualmente, vivo coisas que nem imaginava serem possíveis. Consigo viajar todo ano, conquistei bens e estou alimentando uma carteira de investimento com foco no futuro, sem a necessidade de contrair dívidas, empréstimos ou de ter uma fatura alta para pagar.

Além da mudança de hábitos, outros mecanismos garantiram que esse resultado fosse viável, como ter controle financeiro, anotar entradas, saídas e identificar quanto da renda mensal já está comprometida com as despesas fixas, além de avaliar o valor possível para gastos variáveis. Mantenho uma lista de gastos mensais e uma ordem para compras. Isso auxilia na impulsividade de comprar muito ao mesmo tempo, pois tudo tende a parecer importante ou necessário. Quando se tem um prazo, a urgência e o imediatismo são reduzidos, mantendo o orçamento sob controle.

Dificilmente será possível viver a liberdade financeira se você continuar se baseando no "depois eu dou um jeito", pois pode não haver tempo suficiente para isso. Busque encontrar o seu equilíbrio financeiro e o resultado será apenas uma questão de tempo, não de sorte.

"Os resultados são inevitáveis quando os esforços são constantes" (Fabio Medici Lorenzeti).

Estar conectado com o seu propósito é fundamental para tornar sonhos reais. Só assim você estará disposto a mudar seus hábitos, a dizer "não" quando necessário e a esperar os resultados.

Três ações comportamentais são essenciais para que se possa conquistar a liberdade financeira:

Disciplina: diariamente, passamos por provações que induzem ao consumo, seja ao vermos um anúncio nas redes sociais, o letreiro de alguma promoção, o final de semana que só é perfeito com um lanche ou um belo almoço no domingo etc. Isso não significa que é errado ter esses prazeres, a diferença está na disciplina de entender quando as compras devem ser reduzidas e evitadas. Ter um valor de teto mensal de gastos é um ótimo nivelador para manter-se disciplinado, e evitar ultrapassá-lo deve ser um costume diário; caso contrário, você só adiará seus resultados.

Foco: se o objetivo não for claro e bem definido, é difícil se manter fiel ao orçamento e resistir aos prazeres momentâneos. Será o foco na meta que o fará passar ileso por um anúncio, não entrar naquela loja ou comer um lanche por semana, em vez de três.

Paciência: somos seres imediatistas, e aguardar os resultados pode ser uma das dificuldades ao longo da jornada. Quantas pessoas optam por financiar um carro por quatro anos, mesmo entendendo que o montante pago no final é o dobro do valor à vista, apenas pelo prazer de usufruir do bem no ato da compra? É o oposto daqueles que aguardam pacientemente para comprar o tão sonhado carro. Parece algo simples, mas a diferença nessas escolhas provoca uma significativa discrepância em seus resultados, pois "o imediatista" ficará preso a uma dívida por um longo período, a qual comprometerá seu orçamento, tornando seu custo de vida mais alto. Enquanto isso, "o paciente" provavelmente alcançará seu objetivo na metade do tempo, sem a necessidade de contrair dívidas e comprometer suas finanças.

Em resumo, o equilíbrio financeiro te levará aos seus objetivos. E isso sempre vem após **a mudança de hábitos, fazer compras conscientes, definir metas, ter planejamento e seguir o combinado**.

Para ter os resultados de hoje e mudar minha realidade financeira foi essencial seguir cada um desses passos fielmente, sempre com foco no objetivo principal: a liberdade financeira.

As redes sociais nos permitem absorver diversos assuntos. Na busca por encontrar a solução para a minha crise financeira, encontrei alguns criadores de conteúdo voltados à área financeira que definiram em palavras o que eu compreendia por correto, mas tinha dificuldade de colocar em prática, como Bruno Perini, Thiago Nigro e Joel Jota.

O primeiro conceito necessário a desenvolver foi compreender a função exata do dinheiro e sua real importância no processo de conquista dos meus objetivos. Acredito que muitas pessoas, em algum momento, já ouviram a frase: dinheiro não compra felicidade; porém, sem ele, não é possível comprar nada. E ficar entre a indecisão de querer ter dinheiro ou ser feliz atrasou a minha liberdade financeira até os 25 anos.

A questão é que dinheiro não compra felicidade, viver em busca dele não te fará feliz. O que te fará realmente feliz é a possibilidade de aproveitar o presente, conquistar os seus sonhos e garantir que você possa viver dessa forma até o final da vida. A chave do problema, no entanto, é o fato de ser impossível realizar tudo isso sem dinheiro.

Então, ao compreender que ele é o "meio" e não o "fim", que não era uma questão de escolha entre o dinheiro ou a felicidade, mas que só com ele eu poderia materializar meus sonhos e viver o que traria minha realização, passei a dar a devida atenção ao dinheiro. Entendi que receber no final do mês ou após a entrega de um trabalho já era a recompensa pelo esforço e o empenho empregados.

Outro conceito importante para a construção da minha liberdade financeira, após compreender que o dinheiro seria o meio para tal, foi definir qual valor seria necessário. Eu precisaria me tornar uma pessoa rica? Mas o que define riqueza? Como mensurá-la?

Sabia que precisava de dinheiro, mas não sabia a quantia, pois ainda não havia um propósito, uma meta. Então, era impossível manter o foco e o controle. Ainda via como distante a mudança da minha realidade financeira; então, Bruno Perini definiu a riqueza em cinco moedas, o que fez total sentido, pois ele descreveu perfeitamente as características de uma pessoa rica:

1) ter dinheiro para bancar seus sonhos;

2) dispor de tempo para fazer o que quiser;

3) garantir total liberdade quanto à sua localização geográfica;

4) manter relacionamentos verdadeiros; e

5) ter saúde para aproveitar a vida.

Entendo ser impossível uma pessoa não ser feliz ao conquistar essas cinco moedas, mas isso não significa que ela não terá nenhum problema ou dificuldade, que tudo será perfeito e não haverá dias cinzentos. Isso ocorre porque nenhuma dessas moedas tem a capacidade de impedir as adversidades da vida, mas permitirá que você aprecie os dias de sol com mais plenitude.

Um apreciador de Sêneca, Perini ainda cita um de seus dizeres: "A riqueza é escrava do homem sábio e mestra do tolo", revelando a importância de estarmos no controle do nosso dinheiro e da nossa vida financeira. Desse modo, podemos escolher o futuro que desejamos; caso contrário, será o dinheiro que ditará sempre as regras. O tempo passará da mesma forma. Todos os dias definimos uma fração de como será o futuro. O quanto antes compreendermos que isso se dará pelo modo como administramos o dinheiro será possível definir se seremos livres ou escravos. Logo, mais cedo teremos o prazer de experimentar a liberdade financeira, que nada mais é do que ter a possibilidade de escolha, sem precisar estar preso a um lugar, um emprego, a uma pessoa ou a tantas outras prisões emocionais.

Tudo isso vai além de ter dinheiro no bolso: trata-se do poder nas mãos ao administrar o dinheiro com sabedoria, autocontrole e paciência. No fim, o resultado valerá a pena, já que você poderá apreciar diariamente o sentimento de ser livre financeiramente.

"

Busque encontrar o seu equilíbrio financeiro e o resultado será apenas uma questão de tempo, e não de sorte.

Gessica Waltrick

Guilherme Pecini

Meu nome é Guilherme Pecini, sou papai do Leo, marido da Ju e filho de empreendedores, que são meus exemplos constantemente.

Sou contador, com mais de 15 anos de experiência em controladoria e auditoria contábil. Sou certificado pela Susep e já empreendi no varejo também.

Tenho um *podcast* com alguns empresários, no qual convidamos empreendedores de diversos setores para compartilharem suas experiências.

Hoje, a minha área de atuação está focada na construção de patrimônio, e o meu propósito é ajudar as pessoas na trajetória de conquista da sua liberdade financeira. Obrigado e espero que goste do conteúdo. Caso haja qualquer dúvida, estou à disposição.

@guipecini.consultoria
Guilherme Pecini
(11) 98208-2452
guilherme.pecini@gmail.com

12

COMO UTILIZAR O CONSÓRCIO A SEU FAVOR

Por Guilherme Pecini

Neste capítulo, falaremos de um setor com mais de 60 anos de mercado e que apresenta uma resiliência e maturidade avançadas, por já ter passado por diferentes cenários econômicos e enfrentado diversas crises nacionais. Mesmo assim, ele se mantém em crescimento: o consórcio nada mais é do que a democratização do crédito.

Em 2021, ano seguinte ao de início das medidas adotadas durante a pandemia, o consórcio registrou um crescimento em relação a 2020, ano que já havia sido o melhor da história do segmento até então. Em 2022, o consórcio seguiu batendo recordes de crescimento, e hoje já são mais de nove milhões de clientes ativos no setor. Como base de comparação, esse número representa cerca de o dobro de clientes ativos na bolsa de valores. O ideal é que o consórcio se encaixe dentro de uma estrutura financeira planejada, sem afetar a engrenagem do orçamento familiar. Ele deve ter como objetivo multiplicar seu patrimônio, sem perder a liquidez. Você não precisa mais escolher entre dinheiro ou imóveis: você pode ter os dois.

É uma questão cultural pensarmos apenas em comprar à vista ou financiado. E, quando optamos pelo financiamento, é comum pagarmos um valor de entrada – montante que varia entre 20% e 40% do bem financiado. Ou seja, você se descapitaliza logo de início, apenas pelo preço da urgência.

Os juros anuais variam entre 8% e 13%, na média, e os prazos chegam a 40 anos de parcelamento. Isto é: se você compra uma casa financiada com 35 anos de idade, você terá uma dívida até os seus 75 anos. Mesmo com a parcela sendo decrescida (porque a maior parte dos juros estão no início), é o famoso pague 3 e leve 1.

Comprando em dinheiro você pode barganhar um desconto na negociação com o corretor. Mas será que você não conseguiria um retorno mais interessante com esse valor investido em outro produto? Vale a pena imobilizar o seu dinheiro e perder liquidez? Vale o custo da oportunidade de perder a rentabilidade que esse montante teria em outra aplicação?

O cenário mais comum, porém, é o de que não temos dinheiro suficiente para comprar à vista e é bem difícil juntar uma quantia significativa, a ponto de ser o suficiente para a compra de um imóvel. Somos sempre tentados a gastar e a fazer pequenas concessões em nossos bolsos.

Contratando um plano de consórcio desde o início e juntando o dinheiro destinado ao seu imóvel dentro de um grupo de consórcio, você sabe que mensalmente haverá sorteios. Assim, você pode conseguir acessar o dinheiro total sem precisar tê-lo desde o início. Você também tem a possibilidade de, estrategicamente, ofertar lances para acelerar sua contemplação, se necessário. Assim, você coloca mais previsibilidade em sua contemplação. Nesse caso, seu custo é apenas o da taxa administrativa, que é muito mais baixo do que o mais barato dos juros no mercado.

Ao utilizar o consórcio, você terá seu imóvel desejado pagando a parcela contratada, com o custo já estabelecido desde o início, e não precisará resgatar sua reserva de emergência ou arruinar outros valores investidos. E, conforme o tempo for passando, você ficará cada vez mais blindado em relação a possíveis crises nacionais, porque você não precisou escolher entre ter dinheiro ou imóveis: você possuirá ambos de forma saudável e planejada. Você define um valor de crédito e pagará por ele de forma parcelada e proporcional. Ingressa em um grupo com outros consorciados com objetivos semelhantes e faixa de preço aproximado. Será necessário que uma empresa administre esse grupo, cobre pelos pagamentos, cuide das liberações mensais e distribua esses créditos de forma saudável.

A contemplação é o momento em que você recebe o documento para comprar o seu bem. Portanto, parte do valor pago no boleto vai para o fundo comum e uma outra pequena parte é a taxa administrativa.

Para escolher a melhor administradora de consórcio você precisa buscar uma empresa que seja referência e bem ranqueada perante o Banco Central – órgão que fiscaliza esse mercado. Essa empresa deve seguir a Lei 11.795/08, a Lei do Consórcio. Você deve, também, avaliar se a empresa tem um volume expressivo de contemplação mensal por grupo que administra. Outro ponto importante a ser considerado é se ela utiliza o método de grupos abertos ou fechados, ou seja: se existe reposição de cotas depois de já ter acontecido a contemplação. Nesse caso, o ideal é que você busque por grupo fechado. E, por último, é importante avaliar o tempo de mercado, de história e de reclamações que essa empresa tem, porque, com o crescimento do setor, novos *players* podem surgir que ainda não se provaram no tempo.

Como trabalhar com as cartas contempladas

O mercado imobiliário costuma trabalhar com crédito, mas é necessário que este seja barato, para que a matemática faça sentido e o negócio não perca margem. O consórcio se encaixa perfeitamente nesse cenário porque não tem juros e funciona para construção ou reforma. Existem alguns empresários que não querem contemplar sua própria carta porque têm mais pressa. Eles preferem pagar um pouco mais caro para pular essa etapa inicial – de pagar parcelas até a contemplação –, e optam por negociar a compra de uma carta já contemplada. A demanda por cartas contempladas é muito alta e, seguindo a regra básica da oferta e da demanda, a carta que você contemplou tem um valor de mercado muito atrativo, a ponto de o retorno financeiro lhe proporcionar algum lucro mesmo que ela esteja atrelada a uma dívida. Isso ocorre porque quem for comprá-la com ágio pagará menos do que pagaria por um crédito tradicional, por exemplo.

No momento de sua contemplação, você terá três opções: usufruir de sua carta; deixá-la rendendo e resgatar o dinheiro no final do grupo; ou vender sua carta contemplada no mercado e lucrar em relação ao que você já pagou até então.

É bastante comum dividir sua contratação em cartas de menor valor. Por exemplo, em vez de contratar um crédito de 500 mil reais, você pode contratar cinco créditos de 100 mil. Isso vai depender do seu objetivo, e o seu consultor vai assessorá-lo da melhor maneira. Uma excelente estratégia para fazer caixa: contemplou, vende e reconhece o lucro. Isso é útil também se houver uma mudança de planos com relação a comprar um imóvel. Se isso não for mais interessante para você, basta vender sua carta e alocar o dinheiro onde bem entender. Se você também gosta de investir em Fundo de Investimento Imobiliário, pode usar o consórcio para lhe garantir disciplina no aporte mensal. Assim, quando vender a carta você aloca todo o lucro no seu FII favorito, ganhando volume e rapidez no processo de montagem de uma renda passiva futura na renda variável.

Coloque na ponta do lápis e perceberá que, muitas vezes, pode ser melhor e mais rápido crescer os aportes em FIIs dessa forma, com a ajuda do consórcio.

O risco é baixíssimo e a rentabilidade pode ser de até dez vezes o valor que você desembolsou, dependendo do momento da contemplação. Isso resolve sua falta de disciplina, se necessário, nos aportes mensais, porque com o consórcio você recebe boletos para efetuar o pagamento.

Aposentadoria imobiliária

Você faz um consórcio, contempla, compra um imóvel para alugar e, no momento em que o inquilino entrar e começar a pagar, você conseguirá quitar o seu boleto do consórcio. Ainda, sobrará uma quantia para escalar esse processo. Como no consórcio não há juros, você melhora a sua margem e pode cobrar um aluguel mais atrativo, a ponto de o seu imóvel não ficar vazio e, mesmo assim, sobrar dinheiro. No final do processo, você terá o imóvel e a renda do aluguel sem a necessidade de juntar o dinheiro todo do imóvel anteriormente. Seu ganho em margem, nesse caso, pode até superar os 100%, quando feito por meio de consórcio, em vez de financiamento. O financiamento pode parecer um meio mais rápido, mas ele corre o risco de ser um problema, caso a taxa de vacância do seu imóvel seja alta.

Financiamento *versus* consórcio

Já atendi diversos clientes que moravam de aluguel com suas famílias por um valor baixo, durante um certo período, como parte da estratégia para conseguir contratar um plano de consórcio, em paralelo. Mas entenda: para funcionar isso depende de diversas variáveis e o seu momento profissional tem relação direta nisso. Nunca deixe de avaliar a matemática da estratégia e todas as ferramentas disponíveis. Planejar é antever a necessidade. Caso você já tenha um imóvel financiado, pode utilizar o consórcio também como uma maneira de quitar esse financiamento e, basicamente, substituir sua dívida atual por uma outra sem juros. Isso, no entanto, vai depender de algumas variáveis para saber se esse planejamento faz sentido ou não para você. O ideal, nesse caso, é buscar um consultor especialista no assunto.

Nunca foi sorte e, sim, planejamento.

Você já deve ter escutado que a direção é mais importante que a velocidade. Então, vale considerar: a que custo você está comprando o seu imóvel? Às vezes, o valor pago ao fazer isso é alto demais, a ponto de o negócio não valer a pena no futuro. Recuperar 1 milhão com 30 anos é mais fácil do que reavê-lo com 55 anos de idade. No caso do consórcio, após ter lido este capítulo, você percebeu que, muitas vezes, ele acaba sendo mais rápido do que as outras opções que temos para evoluir o nosso patrimônio. Isso é completamente contraintuitivo, pois dizem que consórcio demora. A pergunta é: demora em relação a quê?

Logo, o sorteio dentro de um grupo de consórcio acaba sendo apenas uma das diversas alternativas que temos para alcançar nosso objetivo final. Conquistar esse objetivo de forma saudável financeiramente, sem renunciar por rentabilidade ou resgatar reservas financeiras, é o foco quando falamos de evolução financeira. Em um planejamento financeiro é necessário ter disciplina, paciência e deixar clara qual é a sua prioridade.

"

Quando você perde o hábito de se atualizar, corre o risco de errar no que antes acertava e, com isso, acabar perdendo oportunidades.

Guilherme Pecini

Joseane Cipaúba

Olá, sou Joseane Cipaúba. Nasci em uma família humilde e cresci ouvindo meu pai dizer que minha educação era o que ele tinha para me deixar de herança. Esta frase se fixou no meu subconsciente e sempre usei os estudos como alavanca na minha vida.

Desde cedo amava matemática; por isso, escolhi o curso de Ciências Contábeis na graduação. A paixão pelo mundo das finanças me fez escolher a carreira bancária e buscar especialização em Planejamento Financeiro e Investimentos e formação em Educação Financeira.

Quero fazer parte do seu processo de evolução financeira, ajudando-o a mudar suas finanças para que você possa realizar seus sonhos.

@financascomrazao
(86) 99493-5115
financascomrazao@gmail.com

13

ADAPTAÇÃO FINANCEIRA

Por Joseane Cipaúba

O casal Pedro e Ana, jovens recém-casados e com muitos planos para o futuro, precisa vencer um desafio que os acompanha desde antes do casamento: administrar suas finanças para fazer o dinheiro sobrar, a fim de realizarem seus sonhos.

Eles têm uma renda média de R$ 8.000,00. Gostam de frequentar bons restaurantes e gastam boa parcela de sua renda comprando roupas de marca e, também, no aluguel do apartamento onde moram. Eles passam para seus amigos a impressão de terem uma boa condição financeira, tendo em vista o seu padrão de consumo. O cartão de crédito é usado sem controle e, muitas vezes, a fatura supera a renda do casal, gerando dívidas e pagamento de altas taxas de juros. Tudo isso para manterem um padrão de vida acima de suas condições.

Se a sua vida ou a de alguém que você conhece é semelhante à vida desses personagens, não é mera coincidência, pois essa é uma realidade comum a muitos brasileiros. Querem uma vida de conforto, um futuro tranquilo e realizar sonhos, mas não conseguem administrar seus recursos financeiros e têm um padrão de consumo incompatível com sua realidade.

Para sair dessa situação, é necessário adaptar-se à sua realidade financeira – o que não significa deixar de buscar alternativas para aumentar sua renda, de modo que possa evoluir financeiramente. Viva dentro das suas possibilidades até que possa viver como deseja.

Neste capítulo, quero apresentar algumas estratégias que podem ajudar qualquer pessoa a controlar suas finanças e a construir a tão sonhada liberdade financeira.

1. Tenha clareza de objetivos e motivação para guiar sua vida financeira:

Segundo estudos científicos, nossa programação biológica é voltada para o prazer, e hoje isso está muito relacionado ao consumo. O nosso cérebro possui um mecanismo chamado sistema de recompensa, que está relacionado ao nosso instinto de sobrevivência e nos impulsiona a tomar decisões para termos, constantemente, a sensação de bem-estar. Ele funciona da seguinte forma: uma experiência prazerosa ajuda o cérebro a produzir o neurotransmissor dopamina que, além de ativar esse sistema, tem forte influência em nossas emoções. A repetição dessa experiência gera um registro em nosso cérebro do bem-estar por ela produzido e nos estimula a querê-lo cada vez mais. A busca constante pelo prazer, incentivada pela dopamina, é neutralizada no córtex pré-frontal, área responsável pela racionalidade e por ativar a sensação de satisfação – além de ajudar a reconhecer nossas necessidades de longo prazo.

Organizar as finanças não é um processo prazeroso: exige sacrifícios, estudos e dedicação, coisas que o cérebro vai resistir em fazer por não lhe proporcionar prazer. Então, como agir para não desistir desse processo? O sistema de recompensa também pode ser ativado com a expectativa de realização de experiências prazerosas no futuro, tranquilizando seu cérebro e fortalecendo a área da racionalidade. Isso é possível com o uso da imaginação.

A nossa imaginação consegue criar a sensação de prazer por meio de estímulos ambientais. O contato com algo que nos remete à realização de uma experiência que desejamos ativa o sistema de recompensa, que nos encoraja a enfrentar obstáculos que nos impedem, no momento, de viver tal experiência. Isso é possível, por exemplo, ao visualizarmos algo relacionado aos nossos sonhos (como fotos, objetos e notícias). Por exemplo: quer viajar para a Disney? Tenha itens que façam você se lembrar dos personagens; assista a vídeos sobre os parques etc. Isso vai ativar sua imaginação e ajudá-lo a resistir a compras não planejadas.

É muito importante que, ao iniciar um processo de organização financeira ou de investimentos, você defina seus objetivos e suas prioridades, ou seja, o que mais o estimula a ter uma vida financeira próspera. Faça uma autoanálise e se conheça melhor. Uma ferramenta relevante é a construção do "quadro dos sonhos", um conjunto de imagens que simboliza seus principais desejos. Essa ferramenta faz com que você esteja em constante interação com elementos ou informações ligadas ao seu objetivo, para que se mantenha persistente na jornada.

Após a definição dos seus objetivos, construa um plano de ação, com etapas constituídas de metas que devem ser específicas; inclusive, com prazos, transformando esse plano em um GPS rumo aos seus sonhos, ao ajudar o lado racional do cérebro a controlar suas emoções.

Apresento, agora, algumas questões cujas respostas vão ajudá-lo a descobrir por que é preciso mudar sua vida financeira:

a) Quais sonhos você gostaria de realizar daqui a um, cinco e dez anos? Especifique, também, a importância da realização de cada um deles.

b) Quais emoções você terá ao realizar esses sonhos?

c) Quais emoções você terá se não realizar esses sonhos?

d) Como a realização desses sonhos vai impactar a vida de pessoas que você ama? Quão importante isso é para você?

e) Suas finanças hoje o impedem de realizar tais sonhos? O que você está disposto a fazer para mudar essa situação?

Quanto mais consciência de seus objetivos e motivação você tiver, mais rápido você conseguirá alcançar o que deseja. Nesta fase, alguns sacrifícios serão feitos até que você possa ter uma vida sem privações.

2. Não ultrapasse seu orçamento

Elaborar seu orçamento deverá ser a sua primeira tarefa do mês. Ele consiste na previsão de qual será sua renda e quanto você poderá gastar. A regra de ouro das finanças é nunca gastar além do que se ganha; por isso, você precisa conhecer esse limite antes de qualquer coisa. O seu orçamento vai servir de parâmetro para que você tenha conhecimento do que é possível realizar durante o mês. Ele também agirá como um freio quando surgir aquela vontade de gastar para satisfazer um prazer. Você pode classificar suas despesas de várias formas (fixas, variáveis ou essenciais); não há um consenso sobre qual delas é a mais adequada.

Atualize o seu orçamento diariamente, principalmente quando estiver começando a organizar suas finanças e os bons hábitos financeiros estiverem em formação. Para evitar desgaste emocional no final do dia, sugiro atualizar essas informações pela manhã, quando seu cérebro está descansado. Assim, iniciará o dia sabendo o quanto poderá gastar.

Há várias formas de controlar seu orçamento: por meio de aplicativos, planilhas, agendas, *planners* etc. Você deve escolher o modo que achar mais adequado, e que lhe permita ter fácil acesso às informações. Encare o seu orçamento como um quadrado do qual você não pode sair.

3. Não deixe as emoções mandarem no seu bolso

A sociedade atual, cada vez mais, vincula suas necessidades emocionais a bens de consumo não duráveis e a experiências fugazes e "instagramáveis". Se estamos felizes, buscamos produtos para comemorar nossas conquistas. Quando tristes, é com produtos que compensaremos nossas frustrações. Há várias armadilhas de consumo, e os publicitários exploram isso muito bem. São técnicas de venda que vão desde a forma de apresentação do produto, o horário de sua divulgação e o uso de inteligência artificial para identificar as preferências dos consumidores, dentre outras.

Se você já identificou que o seu padrão de consumo está, muitas vezes, relacionado ao seu estado emocional, por mais que você utilize as outras estratégias que citamos anteriormente, tente se blindar contra as armadilhas que acionam gatilhos emocionais. Por exemplo:

- Evite ir a shopping quando estiver triste ou muito eufórico.
- Desinstale aplicativos de compras do seu celular.
- Saia de casa sem o cartão de crédito, ou leve apenas aquele que tem o limite menor.
- Faça seus investimentos tão logo receba sua renda, para não cair na tentação de gastar.

É importante que o seu padrão de consumo esteja relacionado ao seu orçamento, e não às suas emoções. Obedecer ao seu orçamento é sinônimo de projeto de vida realizado.

4. Seja sua prioridade financeira

É comum as pessoas escolherem o dia do vencimento dos seus boletos coincidindo com o mesmo dia que recebem seus salários, para não terem o risco de gastar o dinheiro antes de pagar suas obrigações. E, só depois, se sobrar algo, fazem seus investimentos.

Se pagar boletos é sua prioridade todos os meses, o seu cérebro passa a entender que isso te deixa feliz e, então, sugere que você crie cada vez mais contas para pagar. Desse modo, dificilmente você desenvolverá o hábito de investir, pois o seu cérebro não identificará essa atividade como importante para a sua sobrevivência.

Como Robert Kiyosaki menciona em seu livro *Pai rico, pai pobre*, quando você se paga primeiro desenvolve a capacidade de criar meios de aumentar sua renda, para então pagar os outros. Agindo assim, você ativará o seu instinto de sobrevivência, que vai impulsioná-lo a gerar mais renda – o que, na situação contrária (pagar os boletos primeiro), não aconteceria, e você se manteria acomodado.

Quando internalizar o hábito de investir logo que receber sua renda, começará a gastar apenas o que sobrou após os investimentos. Será um círculo virtuoso!

Outro detalhe importante: aumento de renda não significa aumento de gastos. Tente manter seu padrão de consumo estável por um bom tempo; assim, mais rápido conseguirá realizar seus objetivos.

Ter paz financeira não é um processo fácil, mas quando começar a realizar seus sonhos, você verá que valeu a pena. Assim me sinto hoje, e meus conselhos finais para você são: tenha sempre em mente por que começou a organizar suas finanças; nunca deixe suas necessidades serem maiores do que seu ganhos; e tenha equilíbrio entre o hoje e o amanhã. Agindo assim, você terá uma vida de muita prosperidade.

"

Viva conforme suas possibilidades até que possa viver como deseja.

Joseane Cipaúba

SOU IMPARÁVEL!

Leila Gabriel

Meu nome é Leila Gabriel, sou casada com José Carlos e natural do Rio de Janeiro. Pedagoga, atuo há 28 anos na área educacional como *master* e *business coach*, com certificação internacional pela ICLA. Também sou educadora financeira, palestrante profissional, escritora, pastora e mentora de finanças bíblicas.

Sou entusiasmada e repleta de fé. Amo trabalhar com pessoas, finanças e, agora, na parte bíblica. Acredito que Deus nos criou para prosperar e viver o melhor desta terra, como afirma em Deut. 28. Meu propósito é ajudar as pessoas a descobrirem quem elas são em Deus, prósperas e livres de qualquer dívida.

@leilagabrielrica
leila-gabriel
(21) 96712-3451
lpg_alves@yahoo.com.br
Leila Gabriel
Canal Rica e Rico

14

COMO EVITAR DÍVIDAS

Por Leila Gabriel

Segundo dados do Serasa, em dezembro de 2022 **o Brasil teve 69,4 milhões de inadimplentes**, ou seja, pessoas endividadas. Com base nessas informações, ouve-se muito: "Se o país todo deve, por que eu não posso ter dívidas também?". Você já ouviu isso? As dívidas são muito prejudiciais – não somente para a vida financeira, mas para o seu lado emocional, espiritual e, claro, para a sua saúde. Pessoas com dívidas vivem geralmente, ansiosas preocupadas, pensando o tempo todo em como se livrar do que devem. Tudo isso acarreta sérios problemas de saúde, como pressão arterial elevada e taquicardia, dentre outros.

Mas você deve estar pensando: "Como evitar as dívidas, se já estou mergulhado nelas?". Então, este capítulo é para você. Eu também já tive dívidas e não sabia como sair dessa situação, pois nunca aprendi organização financeira na infância, muito menos na adolescência. Comecei a trabalhar muito cedo, aos 14 anos, como diarista em casas de amigos, pois eu e minha irmã tivemos que ajudar no orçamento de casa, quando perdemos nosso pai. Sem conhecimento algum sobre administração financeira, usava o dinheiro que recebia para as necessidades diárias surgidas no momento. À medida que fui crescendo, estudando e conseguindo outros empregos, gastava tudo e não tinha reservas. Lidava com o dinheiro da maneira que acreditava ser a certa.

Até que, na fase adulta, me vi com 27 cheques devolvidos, cartões de créditos perdidos e uma dívida imensa. Vivia realmente um caos financeiro por falta de conhecimento na área, e precisei buscar informações, cursos, mentores e, claro, ter muita força de vontade e determinação para quitar as dívidas. Felizmente, hoje estou aqui lhe escrevendo que sim, é possível mudar a sua história a partir da mudança de mentalidade.

Mas, afinal, como evitar as dívidas, tanto para você, que ainda não tem nenhuma, quanto para quem já possui algumas (e não deseja aumentá-las)? Primeiro, precisamos entender o que são dívidas: elas nada mais são do que uma disfunção em sua vida financeira, ou seja: um funcionamento errado, ou ruim, na sua forma de lidar com o dinheiro.

A Bíblia, em Romanos, 13,7-8, nos orienta a não dever nada a ninguém:

"Deem a cada um o que lhe é devido: se imposto, imposto; se tributo, tributo; se temor, temor; se honra, honra. Não devam nada a ninguém, a não ser o amor de uns pelos outros, pois aquele que ama seu próximo tem cumprido a Lei."

Quando você cria uma dívida, dá sinais de que sua mentalidade para lidar com o dinheiro não é a correta. Você pode ter alguma crença (pensamento) relacionada ao dinheiro que está te levando a usá-lo de forma errada. A dívida em si não é o problema: ela é o resultado do problema. É como ocorre na área da saúde: uma febre não é a doença, mas um sintoma de um problema de saúde. Não basta tomar remédio para diminuir a febre, pois ela voltará até você descobrir a causa dela e combater a enfermidade.

No caso de uma dívida, temos o mesmo cenário: é preciso descobrir a sua causa. Nesse contexto, seria a falta de organização financeira, da mentalidade correta para lidar com o dinheiro. Você está organizando suas finanças de forma errada, está vivendo fora dos padrões da sua realidade – o que está causando uma disfunção financeira. Alguns afirmam não ter tempo para acessar as informações sobre organização financeira e usam o dinheiro como foram ensinados, ou como viram os outros fazerem em sua trajetória de vida. Esse é o problema, pois seguiram padrões errados muitas vezes; e, se optarem pelas mesmas atitudes que os demais, poderão cair no endividamento – afinal, dívidas não se resolvem com mais dinheiro.

Eu sempre ouvi que para pagar as dívidas é necessário mais dinheiro. Porém, isso não é correto, porque você pode até usar mais dinheiro para quitar suas dívidas agora, mas, daqui a um tempo, contrairá outras – afinal, você simplesmente cobriu uma dívida com outra. Esse não é caminho para saná-la. Para tal, deve haver uma mudança de comportamento e da sua mentalidade em relação ao dinheiro.

Mas como posso evitar as dívidas, então? Segundo Albert Einstein: "Falta de tempo é a desculpa daqueles que perdem tempo por falta de planejamento". Logo, você precisa parar de dar desculpas e criar um método, uma maneira de não se endividar mais – ou quitar as dívidas, para quem já está passando por essa situação. Segundo Tony Robbins, autor do livro *O jogo do dinheiro: domine os 7 passos para a Independência financeira*, para usar o dinheiro você precisa aprender a jogar, pois ele é um jogo. Muitos que não aprendem a jogar acabam caindo em armadilhas, sendo uma delas a dívida. Assim, chegou a hora de aprender a jogar esse jogo. A vida é repleta de desafios e precisamos estar preparados para vencer cada um deles, e a organização financeira é um desafio imprescindível para que você tenha uma vida equilibrada e saudável.

Citarei cinco passos simples para você não entrar em dívidas:

- **Descreva as suas receitas e despesas:** é necessário saber quanto dinheiro você faz em suas horas de trabalho. Escreva pelo menos uma vez, a cada três meses, quais são os seus gastos, para visualizar para onde seu dinheiro está indo. Faça isso detalhadamente, colocando seus dados no papel ou em um aplicativo. Esse será um diagnóstico minucioso, cada real gasto deve ser registrado. Anote tudo o que estiver consumindo, como: moradia (aluguel, parcela da casa, condomínio), alimentação (supermercado, lanches, cafezinhos na rua), luz, água, internet, academia, roupas, beleza (cabeleireiro, manicure, estética) etc. A partir dessa lista, comece a separar o que são:

    - **gastos obrigatórios:** aqueles que você não pode viver sem, como alimentação, moradia e luz. Escreva em uma parte da folha, e na outra coloque os:

    - **gastos não obrigatórios:** gastos com itens supérfluos, que você pode viver sem. Sem eles, você não terá problemas significativos, como lanches, salão de beleza e pacotes de TV a cabo ou *streaming*.

A partir dessa lista ou planilha, crie metas de gastos para cada item, ou seja: corte ou diminua o que não for essencial, para que você viva dentro do padrão da sua realidade, do que você gera de receitas, em um mês.

- **Priorize o que precisa comprar:** de acordo com a lista detalhada dos seus gastos e do dinheiro que entra mensalmente, você comprará somente o que for necessário. Nada de consumir por impulso, ou quando as emoções estiverem em desordem. Não compre nada quando estiver muito feliz, triste ou com raiva, porque nesses momentos quem estará no controle serão suas emoções, e não a razão. Você, então, acabará tomando atitudes impensadas.

De acordo com T. Harver Eker, no livro *Os segredos da mente milionária*: "Pensamentos conduzem a sentimentos. Sentimentos conduzem a ações. Ações conduzem a resultados". Dessa forma, deixe para fazer compras quando os seus sentimentos estiverem em ordem.

- **Faça o possível para comprar à vista:** umas das armadilhas do comércio é estimular o consumidor a parcelar tudo e acabar endividado. Tenha consciência de que, de parcela em parcela, você vê seu orçamento totalmente comprometido. Comece a pensar como uma pessoa rica ou um milionário: junte seu dinheiro mensalmente, a longo prazo, e não pague juros: compre à vista.

- **Não parcele as contas de casa em cartões de crédito ou de lojas**: suas contas de casa devem caber em seu orçamento mensal e nas metas traçadas para o próximo mês. Ao começar a parcelar, você terá um ciclo vicioso e pagará encargos, porque sobre o valor original da conta incidirá o Imposto sobre Operações Financeiras (IOF).

- **Viva dentro do seu padrão financeiro:** de acordo com suas receitas e despesas, você deverá consumir o que estiver dentro do seu orçamento. Para que isso aconteça de forma simples e harmoniosa, separe o seu salário por categorias, como nesse modelo que deixo como sugestão: trata-se da regra 50/30/20, que é um método para você dividir o seu dinheiro de forma harmônica.

  - **50% – Padrão de vida (gastos obrigatórios e não obrigatórios).**
  - **30% – Independência financeira.**
  - **20% – Doações.**

De acordo com esses passos, você poderá se livrar totalmente das dívidas, se tiver comprometimento com sua vida financeira. Assim, viverá todos os sonhos e projetos que tiver em mente, pois tudo na vida depende da prioridade que você dá ao que deseja alcançar e do nível de comprometimento para ir em busca do que acredita. Eu acredito que você é capaz de ter uma vida sem dívidas. E você?

Segundo a Bíblia, no Livro de Gênesis, capítulo 1, 26-28, Deus afirma que Ele nos criou à Sua imagem e semelhança, prontos para produzir, multiplicar, frutificar e dominar. Mas as dívidas nos paralisam e não nos deixam viver nada do que a Bíblia afirma. Endividados, ficamos totalmente paralisados, sem liberdade para agir, para empreender e até para pensar em projetos maiores e melhores. Então, tome posse dessa palavra e comece a produzir, frutificar e multiplicar todos os seus talentos e as habilidades que Deus lhe deu para prosperar – afinal, a sua prosperidade está na sua habilidade.

O que você fará a partir de agora? Descreva os projetos que Deus já lhe deu e comece a colocá-los em prática. Você é capaz! Você nasceu para prosperar, acredite!

"

A sua prosperidade está relacionada às suas habilidades e aos seus talentos!

Leila Gabriel

Lilian Mengel

Apaixonada por educação financeira e eterna aprendiz desse conhecimento libertador, sou grata a Deus pela oportunidade de contribuir com essa rica obra. Especialista em Educação Financeira, ajudo pessoas a terem uma relação saudável com o dinheiro, a fim de realizarem seus sonhos e desfrutarem o presente com dignidade, se preparando para o futuro por meio de organização financeira e investimentos. Para me encontrar, acesse minhas redes sociais. Sempre respondo a todos com muito carinho.

@mengel.lilian
(47) 99151-3188
mengellilian320@gmail.com
Lilian Mengel

15

HÁBITOS FINANCEIROS

Por Lilian Mengel

Antes de conhecer a educação financeira, eu era uma jovem repleta de sonhos; porém, na mesma medida, ou até mais, tinha muitas crenças limitantes em relação a dinheiro. Tais crenças me levavam a ter hábitos financeiros que destruíam meu presente e que comprometiam o meu futuro. Minha ignorância me mantinha presa em um círculo vicioso de frustrações, dívidas e limitações financeiras, acompanhadas por uma sensação de incapacidade de realizar meus desejos e muito negativismo. E, para piorar ainda mais essa realidade, frases como: "nasci pobre, vou morrer pobre", "isso é coisa para ricos", "se tiver muito dinheiro, não vou para o céu", "pobre sempre se lasca", "se está ruim, pode piorar", "ganho muito pouco para realizar sonhos" estavam encrustadas em minha mente todo o tempo. Assim, meu comportamento era sempre baseado nesses pensamentos; consequentemente, meus resultados financeiros eram péssimos.

No livro *Os segredos da mente milionária* T. Harv Eker diz que pensamentos se transformam em sentimentos, os quais induzem nossos comportamentos, que, por sua vez, viram hábitos e geram nossos resultados, positivos ou negativos. Por isso, é extremamente importante analisar sob quais pensamentos nossa mente está programada. Esse modelo de pensar é o que define o sucesso ou o fracasso financeiro e, quanto mais cedo essa descoberta acontecer, mais tempo haverá para uma transformação ocorrer.

O ciclo que define nossos resultados é composto por fases, e cada uma delas tem seu grau de importância para o resultado final. Porém, neste capítulo, vou me aprofundar na fase relacionada aos hábitos financeiros. É preciso entender que, para que sua evolução financeira aconteça, é necessário estar com a mente aberta. Isso é necessário a fim de desconstruir a mentalidade geradora de hábitos que levam ao fracasso financeiro. Em seguida, um novo modelo mental, com hábitos financeiros saudáveis, pode ser construído.

Os hábitos têm poder sobre a nossa realidade financeira. Ao descobrir isso foi como se uma venda tivesse caído dos meus olhos, pois notei que alguns hábitos não ajudavam em nada o meu crescimento financeiro. Pelo contrário: eram costumes destrutivos. O que mais me impactou foi perceber que o mais importante não era quanto dinheiro eu tinha, mas a forma como eu gastava. Era isso o que, justamente, me levava ao caos financeiro.

Se a forma como gastamos é mais relevante do que a quantidade de dinheiro que recebemos, logo, nossos hábitos são os principais responsáveis por nossos resultados. Porém, hábitos não são como árvores com raízes, que não podem se mover. Ou seja: nós podemos mudar esses hábitos, caso seja necessário. Na verdade, devemos mudá-los se almejamos evoluir financeiramente. Observe alguns hábitos financeiros destrutivos:

1 – Gastar mais do que se ganha

Este é o pior hábito financeiro possível, já que é muito fácil gastar mais do que se ganha e diversas são as desculpas para justificar isso: a inflação, a moda, a necessidade de pertencimento a um determinado grupo etc. Além disso, as emoções têm uma forte influência sobre os gastos. Se estamos tristes, precisamos gastar para ficarmos alegres; se estamos felizes, precisamos gastar para comemorar. Porém, gastar mais do que ganhamos causa muitas frustrações. Esse é o caso da pessoa cujo dinheiro acaba antes do final do mês; quando, improvavelmente, um imprevisto pode acontecer e a falta de recursos leva a pessoa a recorrer a empréstimos, o que agrava ainda mais sua situação financeira.

2 – Gastar sem planejamento

Gastar sem planejamento é o mesmo que andar em uma estrada desconhecida com os olhos vendados. Você não sabe onde vai parar, e, financeiramente falando, pode cair no buraco chamado dívidas.

3 – Desperdício

Existem diversas formas de desperdiçar dinheiro e, muitas vezes, você nem se dá conta disso. Por exemplo: alimentos, quando comprados sem consciência, apenas porque estão em promoção, são adquiridos em grandes quantidades e podem sobrar, estragar e, em seguida, ser jogados fora. Toda vez que isso acontece é o seu próprio dinheiro que está indo para o lixo. Roupas que ficam guardadas em seu guarda-roupa sem uso também poderiam ser doadas ou vendidas, bem como objetos em geral. Se analisarmos, você deve ter muito dinheiro sendo desperdiçado dentro da sua casa e não sabe. O desperdício é um hábito que passa despercebido.

4 – Vícios

Os vícios são fontes contínuas de gastos, pois tudo o que é demais é prejudicial. Alguns vícios, além de prejudicarem o seu bolso, prejudicam também a sua saúde. É preciso muita atenção, porque se você tem uma vida limitada financeiramente – ou pior, se possui dívidas ou tem vícios que precisam de recursos para serem supridos – deve considerar o fato de que isso é um aspecto que precisa ser mudado, a fim de que a sua evolução financeira aconteça.

5 – Pensar apenas no presente

Esse é um péssimo hábito que a maioria dos brasileiros tem: "viver como se não houvesse amanhã", acreditando que não vale a pena poupar e investir por não terem certeza se estarão vivos para usufruir do dinheiro poupado. Afirmo que a chance de estarmos vivos amanhã é muito maior do que a de morrermos. Assim, o tempo passa e muitas pessoas que falaram isso, hoje, estão em situação financeira igual ou pior do que quando eram mais jovens. Antes, ainda tinham o tempo a seu favor e podiam economizar para a sua aposentadoria.

É importante salientar que comportamentos são escolhas, e os hábitos correspondem a 40% do nosso dia, ou seja: durante quase metade do nosso tempo tomamos decisões no piloto automático e praticamos ideias que já foram estabelecidas em nosso inconsciente. Se esses hábitos praticados são destrutivos como esses citados acima, pode haver uma série de infelizes consequências. Alguns casos mais extremos são irreparáveis, pois há uma íntima relação entre saúde financeira e mental, e quase 80% dos suicídios cometidos mundialmente ocorrem em nações com muitas pessoas nas classes mais baixas. Isso não é coincidência: hábitos financeiros ruins causam tristeza, medo, depressão, ansiedade, falta de produtividade, insônia etc. Tais sintomas são causados pelo mau uso do dinheiro, por comportamentos impulsivos e hábitos que levam a gastos supérfluos, cada vez em proporções maiores. E isso acaba gerando dívidas – um expressivo sinal de descontrole financeiro.

Para controlar maus hábitos é preciso saber, primeiramente, que eles funcionam. Charles Duhigg afirma em *O poder do hábito* que, por um gatilho mental, um agente externo é capaz de gerar em nossa mente um desejo que nos impulsiona a ter certo comportamento. Após a rotina, que pode ser um processo mental, físico ou emocional, há, por fim, a recompensa, que auxilia o cérebro a fechar o ciclo. Se a recompensa for boa, você sentirá vontade de repetir a mesma ação várias vezes. Mas se a recompensa for instantaneamente ruim, você terá mais resistência para a execução desse comportamento.

Mais importante do que saber como os hábitos são formados é saber como trocar maus hábitos por hábitos saudáveis. Essa mudança é um processo, portanto, demanda autoconhecimento, persistência e, se possível, o acompanhamento de um profissional para conduzi-lo a um resultado mais satisfatório. Também, é fundamental fazer mudanças no cotidiano, como deixar de frequentar lugares que levam a gastos desnecessários, aproximar-se de pessoas que têm o mesmo propósito que você e consumir conteúdos que auxiliam a direcioná-lo para o seu objetivo. Nosso comportamento é influenciado por fatores externos; porém, a mudança é interior – essa é uma decisão que precisa ser tomada. Assim, listarei cinco hábitos saudáveis para ajudá-lo a dar o pontapé inicial rumo à sua evolução financeira:

1 – **Gaste menos do que você ganha**

Essa não é uma tarefa fácil para quem não tem controle sobre as suas finanças pessoais e, talvez, precise do apoio de um educador financeiro para se organizar e descobrir o quanto gasta mensalmente. Assim, poderá buscar um equilíbrio entre receitas e despesas.

2 – Aprenda a planejar

Esse hábito é fundamental para quem quer evoluir financeiramente. Quem planeja consegue comprar tudo o que quer, estipulando prioridades e tempo para realizar objetivos de curto, médio e longo prazo.

3 – Faça uma lista antes de ir ao supermercado

A lista de supermercado é uma importante aliada para evitar o desperdício; mas, antes de fazê-la, lembre-se de abrir os armários e conferir o que realmente precisa ser comprado. Não compre nada além do que você escreveu na lista.

4 – Faça uma lista de sonhos

Tenha o hábito de sonhar; sonhos são combustíveis que o mantêm focado em seus objetivos e propósitos.

5 – Pense no seu futuro

Pensar no presente não é errado, mas não pensar no futuro, sim. Você precisa buscar conhecimento suficiente para conseguir viver tranquilamente o presente e, ao mesmo tempo, se preparar para o futuro. A boa notícia é que a educação financeira auxilia nesse processo.

Uma vida financeiramente saudável depende da sua mentalidade. O que há em sua mente conduz o seu comportamento, que influencia seus hábitos financeiros. São coisas que você, de tanto repetir, faz no piloto automático, sem perceber, e acaba acreditando ser o certo. Porém, comprar por impulso não é normal, comprar para pertencer a um determinado grupo pode mantê-lo preso ao ciclo da pobreza. Pensar negativo e reclamar da sua condição financeira bloqueará seu cérebro para procurar uma solução. Vitimar-se sempre é como andar para trás. Portanto, para dar passos corretos em relação à sua evolução financeira, é necessário abrir a mente para mudanças, se autoconhecer, verificar seus hábitos financeiros e substituí-los, de modo que você possa desfrutar de uma vida mais tranquila e realizar seus sonhos, enquanto aproveita o presente e se prepara para um futuro excelente.

"

É preciso ficar claro que hábitos têm poder sobre a nossa realidade financeira.

Lilian Mengel

Lívia Hubner

Sou Lívia Hubner, gestora comercial, graduanda em Ciências Contábeis, educadora financeira e mentora de empreendedoras. Sou mãe de dois meninos incríveis, casada e feliz com a minha coragem de sair de um trabalho em regime CLT, depois de mais de 14 anos atuando na área financeira de empresas.

Assim como a maioria das mulheres, nutria o desejo de ter mais tempo para a família e um espaço de crescimento e criatividade. Minha alma pedia propósito; portanto, resolvi ensinar finanças para empreendedoras.

Acredito que pequenas empresas desenvolvem comunidades e que mulheres empreendedoras criam filhos mais saudáveis, formando um movimento de prosperidade, em prol de um mundo melhor.

@liviahubner.financas
(12) 99656-1369

16

COMO CRIAR NOVAS FONTES DE RENDA

Por Lívia Hubner

Quando um adolescente começa a pensar em uma faculdade para cursar ou quando pretende iniciar no mercado de trabalho, logo começa a receber "bons" conselhos sobre as melhores profissões. Essas profissões sugeridas pela família geralmente são aquelas que proporcionam uma sensação de segurança e estabilidade, com salários acima da média dos trabalhadores comuns.

Em vez de sermos ensinados a criar oportunidades para ganhos financeiros significativos e a cuidar do dinheiro, somos criados para dar prioridade à segurança ao buscar uma atividade profissional. São bem-vistos pela maioria os empregos concursados; ser funcionário de empresas grandes, com plano de carreira; profissões liberais etc. Esses trabalhos são excelentes opções, mas não são determinantes para uma vida financeira equilibrada e promissora.

O primeiro ponto a considerar é que não existe 100% de estabilidade em carreira alguma. Em toda profissão, por mais estável que ela seja, existem possibilidades de mudanças. Além disso, somente as receitas, mesmo sendo adequadas, não garantem resultados positivos no orçamento familiar.

O que vemos, na prática, são muitos médicos, servidores públicos e engenheiros, dentre outros profissionais, com o custo de vida mais alto do que suas receitas, o que gera um ciclo de endividamento e empobrecimento.

No livro *Pai rico, pai pobre*, de Robert T. Kiyosaki, o autor chama esse ciclo de "roda dos ratos", em analogia às rodas que existem dentro das gaiolas de roedores para eles correrem. Kiyosaki, assim, ilustra de forma didática o esforço de ganhar e gastar tudo, voltando sempre ao mesmo lugar.

Pessoas sem inteligência financeira veem os bens como sinônimos de crescimento financeiro, ou seja, à medida que são promovidas em seus empregos ou expandem seus negócios vão aumentando seu custo de vida e seus bens passivos, gradativamente. Em média, iniciam sua vida profissional morando na casa dos pais ou em uma casa alugada, mas sempre buscando um padrão de vida semelhante ao das pessoas que fazem parte do seu meio profissional ou social. Desse modo, surge a necessidade de financiar uma casa, comprar o carro da moda etc. E esse padrão tende a aumentar à medida que elas crescem profissionalmente. Considero essa necessidade de identificação e pertencimento a padrões financeiros como o fator crucial do empobrecimento das pessoas.

No momento em que a pessoa percebe que seu custo de vida é insustentável, ela precisa ganhar mais ou gastar menos. Gastar menos é unânime em qualquer orçamento: todos precisam gastar menos do que ganham, para ter saúde financeira – o que nem sempre é fácil. Diminuir o padrão de vida ou cortar pequenas despesas mexe com as necessidades emocionais de cada um, mas é absolutamente necessário.

Nesse sentido, tentar ganhar mais para cobrir o orçamento familiar pode parecer mais viável, mas essa vontade, também, pode ser motivada por uma oportunidade ou pela realização de um sonho. Então, gastar menos do que se recebe é necessário para fazer o dinheiro sobrar e poder investir, aumentando o patrimônio. Mas se, além disso, houver a consciência de aumento da renda, haverá um potencial crescimento financeiro.

O principal segredo das pessoas que não se acomodam financeiramente é o entendimento de que ninguém ganha dinheiro. Usamos o termo "ganhar dinheiro" erroneamente, uma vez que o valor pago pelo empregador ou pelo cliente não é doado ou presenteado; portanto, nada é ganho. Na realidade, o dinheiro é feito por meio de uma ação, de uma troca. Eu recebo um salário em troca dos meus serviços. Eu recebo um pagamento do meu cliente em troca do fornecimento de um produto ou de um serviço.

Existem três tipos de renda: a principal, a passiva e a renda extra.

- Renda principal: é derivada da atividade profissional. É a remuneração pelo exercício profissional, seja o salário ou o pró-labore (salário do sócio).

- Renda passiva: é proveniente dos investimentos por produtos do mercado financeiro ou por aluguel de bens próprios. Ou seja: são rendas geradas independentemente de esforços e dedicação de tempo.

- Renda extra: é uma remuneração por atividade que difere da ocupação principal. É usada como estratégia para aumentar os ganhos, seja para o aumento de patrimônio, visando uma oportunidade, seja para a realização de um objetivo.

Dessa forma, a renda extra serve para viabilizar um sonho, como uma viagem, a troca do carro etc. Ela também pode ser usada como um salto no crescimento financeiro, já que com o aumento dos ganhos sem gastar a mais é viável realizar mais investimentos. Assim, é possível obter mais renda passiva e gerar um crescimento exponencial das finanças.

Se fizermos uma busca no Google sobre os tipos de rendas extras, teremos como resultado uma infinidade de opções, desde renda por meio da fabricação de produtos alimentícios, confecção de artesanato até serviços *freelancer*, seja presencialmente ou por prestação digital. Para aquelas pessoas que têm uma veia empreendedora, basta pensar na melhor oportunidade dentro da sua realidade; para outras, porém, encontrar uma forma de renda extra é extremamente desafiador.

Um meio bastante eficaz de decidir por uma renda extra que seja condizente com as características de cada um e que possa fluir de forma leve e prazerosa é fazendo uma análise sobre o cenário interno e externo.

Existe um método chamado SWOT (ou FOFA) que é a sigla para ***strenghts*** (forças), ***weaknesses*** (fraquezas), ***opportunities*** (oportunidades) e ***threats*** (ameaças). Trata-se de uma ferramenta de análise de cenários para a tomada de decisões em um negócio. Ela é muita usada na administração de empresas, mas pode, facilmente, ser aplicada em qualquer tipo decisão estratégica.

SWOT FINANCEIRO

***Strengths* – Forças** **(Recursos Internos)**	***Weaknesses* – Fraquezas** **(Interferências Internas)**
Opportunities – Oportunidades **(Recursos externos)**	**Threats – Ameaças** **(Interferências externas)**

Por meio do SWOT, são mapeados todos os fatores de cada quadrante.

S – Em forças, relacione todas as suas habilidades, qualidades, seus talentos e pontos fortes. Considere as características que você acha que tem e, também, aquelas que as pessoas dizem que você tem (é normal não enxergamos todas as nossas qualidades).

W – Em fraquezas, descreva suas fraquezas, dificuldades, seus defeitos e pontos fracos.

Agora, mudamos a ordem. Preencha primeiro o quadrante T.

T – Em ameaças, cite todos os seus desafios e problemas externos, como dívidas e demais consequências de problemas financeiros.

O – Em oportunidades, descreva todas as potenciais saídas que você enxerga para a melhoria de sua vida financeira, bem como as soluções dos seus problemas. Cite, também, todo o aprendizado que essa situação está gerando para você.

Exemplo de SWOT para renda extra:

Strengths	***Weaknesses***
Engenheiro, expertise em projetos 3D, fluência em inglês, organizado, perfeccionista etc.	Dificuldade com transições de carreira e de adaptação, perfeccionista etc.
Opportunities	***Threats***
Trabalhar de forma remota. Mudar para uma área mais afastada do centro, alugar um imóvel. Aprendi que uma vida mais simples pode ter mais benefícios.	Dívidas, custo de vida alto, aluguel em casa de alto padrão, perto do trabalho.

No exemplo acima, o profissional poderá trabalhar de forma remota, trocar a moradia por um imóvel afastado do centro, reduzindo as despesas. Ele, ainda, pode fazer parcerias com outros engenheiros para a realização de projetos 3D, já que essa é sua especialidade, ou, mesmo, dar cursos de inglês *online*.

Depois, cruze as informações e encontre o melhor tipo de renda extra para você. Escreva o máximo de informações possível e não julgue nenhuma ideia que venha à cabeça. No fim, tais ideias poderão fazer todo o sentido. Com esse exercício, a tarefa de buscar uma renda extra se torna mais fácil, pois você ganha mais clareza sobre sua situação atual e sobre onde quer chegar. Pode ser que sua renda extra funcione tão bem que, com o tempo, se torne a sua renda principal.

A partir da resposta que obteve na matriz SWOT, você poderá divulgar o seu novo negócio com o auxílio da internet. Uma ideia é a criação de um perfil em uma rede social para anunciar seu produto ou serviço. Além disso, você pode se cadastrar em sites voltados para trabalhos *freelancer*, como o *Workana* e o *Getninjas*.

Agora que você já sabe que temos o poder de fazer dinheiro criando oportunidades de novas rendas, este é o momento da virada financeira para quem tinha a mentalidade de que era preciso "ganhar" dinheiro de alguém. Talvez, você precise só de um pouco mais de ambição para criar a sua nova realidade, e uma boa forma de conquistar essa dose de ambição é sonhando.

Escolha um momento tranquilo do seu dia e reflita: quais são os seus sonhos? Qual é a vida que você deseja ter? A partir do cenário ideal que criou em sua mente, você pode tentar calcular o valor que precisa juntar para atingir esses objetivos. Depois, crie o seu plano de ação.

É essencial escrever num papel todo o passo a passo necessário para colocar o seu plano em prática. Também é importante anotar todos os desejos que quer alcançar depois de ter o seu problema resolvido.

Uma pesquisa da Dominican University com 267 pessoas revelou que as chances de sucesso aumentam 42% se você escrever seus objetivos regularmente. Então, tenha uma lista das suas ações e coloque-a num local visível, para não perder o foco.

Compartilhe comigo suas descobertas acerca de renda extra e suas conquistas. Vou adorar receber uma mensagem sua em minhas redes sociais!

"

Talvez você precise só de um pouco mais de ambição para criar sua nova realidade, e uma boa forma de conquistar essa dose de ambição é sonhando.

Lívia Hubner

Lucas Siqueira

Jogador de futebol profissional e mentor financeiro para atletas, sou Lucas Siqueira. Criador do programa *Atleta que investe*, minha missão é transferir conhecimento e transformar a vida de esportistas com inteligência financeira.

Por ter jogado em clubes das quatro divisões do campeonato brasileiro e ter morado em diferentes regiões do país, tenho *know-how* do cotidiano de um atleta profissional e conheço bem todas as suas realidades. Ao longo da minha carreira, pude constatar que a vulnerabilidade financeira é uma constante na vida dos jogadores. Por isso, ensino atletas a investirem e obterem as melhores escolhas financeiras.

@atletaqueinveste
lucas-santos-siqueira@hotmail.com

17

JUROS SIMPLES X JUROS COMPOSTOS

Por Lucas Siqueira

"Quem não sonhou em ser um jogador de futebol?" – já dizia a famosa música da banda Skank, demonstrando a força do esporte mais popular do planeta no imaginário e nos sonhos de crianças e jovens. Certamente, fui um dos milhares de pequenos brasileiros que teve esse sonho na infância. Mas, para mim, em vez das badalações da possível carreira futebolística, ser um jogador sempre significou um projeto profissional que transformaria a minha vida. Mas, a fim de que isso ocorresse, precisei desenvolver uma mentalidade consciente para investir em atitudes que, a longo prazo, pudessem me transformar em um atleta de alta performance e conquistar significativos resultados. Foi por meio dessa postura que pude alcançar meus objetivos profissionais e pessoais.

Aos 15 anos, saí da casa dos meus pais, em Vitória (ES), com a clareza das minhas escolhas. Sabia que eu precisaria ser o melhor profissional que pudesse ser, e o que dependesse de mim seria feito. Comecei minha carreira na divisão de base do Friburguense (RJ). Nessa época, morava no alojamento que ficava debaixo da arquibancada do estádio do clube e recebia uma ajuda de custo para que pudesse me manter. Embora houvesse muitas adversidades, compreendia que elas eram fundamentais para a minha maturidade e o meu desenvolvimento.

O pouco dinheiro que eu ganhava era administrado visando sempre o meu principal objetivo: ser um atleta de alta performance. Tão logo entendi que ter um bom condicionamento físico era fundamental para a extensão das oportunidades, comecei meus primeiros investimentos na profissão, nos quais priorizava uma academia mais completa, fora do clube, e uma alimentação saudável.

Com disciplina e constância, fui me aprimorando profissionalmente. Nos dez anos em que joguei no Friburguense, além do futebol em si, a divisão de base me fez adotar valores: disciplina, força mental e organização financeira – que se tornaram as principais diretrizes da minha carreira.

A virada de chave para elevar meu nível profissional se deu quando fui contratado pelo Vasco da Gama. Sei que chegar a um dos grandes times da história do futebol foi um processo de longo prazo. A jornada foi repleta de desafios e incertezas, mas sempre cultivei a mentalidade e a postura de ser o melhor profissional que eu pudesse ser. Essa atitude me dava a convicção de que estava no caminho certo. Investir em uma carreira no futebol é um aporte de alto risco, pois não temos garantia do resultado. Porém, fazer o melhor hoje e nos próximos dias, meses e anos, de forma consistente, sempre me fez acreditar que chegaria à próxima etapa, e isso aumentaria as minhas chances de ter sucesso na vida.

Por colher bons frutos a partir dos planos que adotei para o meu desenvolvimento profissional e financeiro, criei o programa *Atleta que Investe*. Como mentor financeiro de atletas, um dos meus objetivos é propiciar a transformação na vida dos esportistas por meio do meu método de inteligência financeira.

Começa o jogo: os primeiros aportes

O ano de 2015 foi um marco fundamental na minha vida como atleta e investidor. Meu salário aumentou significativamente após o contrato com o Vasco. Dentro e fora das quatros linhas, continuava seguindo as diretrizes que me levaram ao sucesso profissional. Pude melhorar minha qualidade de vida, mas sempre sabendo que os recursos de que dispunha serviriam para a realização de meus sonhos e para garantir tranquilidade financeira.

Eu, que sempre fui um bom poupador, decidi dar um passo adiante. Passei a estudar para aprender a fazer melhores escolhas financeiras. Compreendi a lógica dos investimentos e a relação com os juros. Os juros simples são aplicados apenas em cima do capital inicial, já os juros compostos são calculados sobre o valor principal e os juros acumulados. Veja um exemplo na tabela abaixo:

Tabela: exemplo de um capital de R$ 2.000,00 com a taxa de juros de 10% a.m.

Mês	Juros simples	Juros compostos
0	R$ 2.000,00	R$ 2.000,00
1	R$ 2.200,00	R$ 2.200,00
2	R$ 2.400,00	R$ 2.420,00
3	R$ 2.600,00	R$ 2.662,00
4	R$ 2.800,00	R$ 2.928,20
5	R$ 3.000,00	R$ 3.221,02

Os juros podem ser seus aliados ou vilões, dependendo da forma como você usa o dinheiro. Se fizer dívidas, os juros serão seus adversários. Se investir, serão seus melhores companheiros de time para a construção de patrimônio. Segundo Albert Einstein: "Os juros compostos são a oitava maravilha do mundo. Quem entende ganha, quem não entende paga".

Nesse sentido, a tomada de consciência e o entendimento sobre juros compostos foi fundamental para formar minha estratégia como investidor. Considerando minha experiência como atleta e focando no meu projeto de vida, passei a seguir um caminho de investimento utilizando os juros compostos como aliados. Entendi que fazer o simples com constância me traria expressivos resultados.

A tática dos juros compostos

A tática dos juros compostos é simples: a constância ganha o jogo. Mas, apesar de serem simples, para muitas pessoas é difícil colocá-la em prática. Essa tática é desconhecida por muitos e até mesmo negligenciada por aqueles que têm conhecimento sobre investimentos. O efeito dos juros compostos pode ser considerado um dos principais fatores no acúmulo de patrimônio e na geração de riqueza. São juros sobre juros que, com o tempo, crescem de forma exponencial, multiplicando (e muito!) o capital e o patrimônio investidos.

O "problema" é que para os juros compostos agirem eles precisam de tempo. Ou seja, de 15, 20, 30 anos ou mais. Muita gente não tem a paciência necessária para isso ou, de fato, não conhece realmente o poder dos juros compostos. Assim, adotam atitudes financeiras precipitadas. Compreender o conceito de tempo será a mudança de chave na sua mentalidade em relação aos investimentos. Portanto, para ilustrar o poder desse fenômeno, veja a tabela abaixo, com a simulação de um investimento de um único aporte de R$ 200.000, com rentabilidade de 12% ao ano:

Anos	Valor do capital
2	R$ 250.880,00
6	R$ 394.764,54
10	R$ 621.169,64
15	R$ 1.094.713,15
21	R$2.160.769,65
24	R$ 3.035.725,79
30	R$ 5.791.984,42

É importante notar que os juros seguem uma função exponencial. No início, os valores crescem lentamente; somente após um longo tempo o dinheiro atrai mais dinheiro e o montante aumenta de forma explosiva, multiplicando o capital investido. Como podemos perceber no exemplo acima, em 15 anos o investidor alcançaria 1 milhão de reais. Esperando mais seis anos, ele chegaria ao segundo milhão; e, em mais três anos, ele atingiria 3 milhões de reais. Mas esse não é o fim! Sendo paciente, por mais seis anos seu aporte inicial de R$ 200 mil se transformaria em quase 6 milhões de reais!

A tríade dos investimentos

Aporte, tempo e valor. Esse é o trio de ataque que você deve escalar para alcançar a multiplicação do seu patrimônio. Aporte é quanto dinheiro você consegue investir. Quanto mais dinheiro for investido, maior será o seu patrimônio. Já o fator tempo possibilita que os juros compostos possam agir sobre o capital. E valor é a qualidade dos investimentos, que não se restringe a mais rentabilidade. Trata-se de construir um valor maior de acordo com o seu objetivo e projeto de vida, que pode estar atrelado à construção e multiplicação de patrimônios.

É importante alertar aqueles que acreditam que a primazia do investimento é encontrar ativos de mais rentabilidade. Geralmente, esses ativos que prometem maior rentabilidade são produtos de renda fixa de curto prazo, com vencimento de dois, três, e, no máximo, cinco anos. Isso quer dizer que, a cada vencimento, você será obrigado a resgatar esse investimento. Consequentemente, você pagará impostos, antecipará os custos e, o pior: interromperá o efeito dos juros compostos.

Além disso, o tempo perdido na busca por esses ativos que "rendem mais" poderia ser investido na alta performance do seu trabalho, que é o que vai gerar mais renda. Ou, ainda, no desempenho de outra fonte de renda. Principalmente, você poderia utilizar esse tempo desfrutando de qualidade de vida e em atividades que potencializam seu desenvolvimento humano.

Se tempo é dinheiro, gostaria de ser enfático ao dizer que os juros compostos multiplicam bem mais o capital do que a taxa de rentabilidade. Se você deixar esses juros agirem nos seus investimentos a longo prazo, provavelmente você terá mais patrimônio do que aqueles que investem buscando maiores taxas de rentabilidade a curto prazo. Investimentos de valor para a construção de patrimônio são ativos que não têm prazo de vencimento ou que vencem em um prazo maior do que 15 anos. A taxa multiplica e o tempo é exponencial; logo, tempo é mais importante do que a rentabilidade.

Seja um profissional de alta performance. Foque no seu trabalho e na sua capacidade de gerar renda. Tenha um padrão de vida equilibrado e faça aportes mensais. Assim, você alcançará seus objetivos financeiros. Mas não esqueça: leva um tempo para que os juros compostos possam gerar resultados.

Investimentos, como tudo na vida, exigem equilíbrio e bom senso. Embora eu tenha enfatizado a importância dos juros compostos para a construção de patrimônio, devemos também destinar parte da nossa renda para realizar sonhos e objetivos de curto prazo. Somos seres humanos, somos movidos a recompensa.

Viva com plenitude o presente, mas não perca de vista o futuro. Gere renda; planeje e organize suas finanças; invista. Evolua em todos os aspectos da sua vida. Tenha inteligência financeira. Esse, sem dúvida, é o gol mais importante a fim de atingir seus objetivos financeiros e alcançar a tranquilidade que tanto almeja.

"

Os juros podem ser seus aliados ou vilões, dependendo da forma como você utiliza o dinheiro.

Lucas Siqueira

Luciana Cardoso

Me chamo Luciana Cardoso, sou psicóloga especialista em terapia de família e casais, além de ser estudiosa da psicologia do dinheiro. Também sou coautora do livro *Psicologia econômica para psicólogos: da pesquisa para práticas possíveis,* do caderno *Meu querido dinheiro* e do *Baralho genograma,* ferramentas de autoconhecimento e para o cliente. Também, criei os cursos Heranças Financeiras e Capacitação em Psicologia do Dinheiro.

Faço atendimentos por meio do Genograma Financeiro, um diferencial do meu trabalho. Com ele, mapeio as histórias familiares de várias gerações dos meus clientes e replico essa metodologia para os meus alunos.

Sempre gosto de dizer que falar de dinheiro é falar da vida.

@lupsicologafinanceira

18

CRENÇAS FINANCEIRAS

Por Luciana Cardoso

Todos já ouviram frases do tipo: "Lave a mão depois de pegar no dinheiro"; "Você está achando que dinheiro dá em arvore?"; "Rico não vai pro céu"; "Se é rico, é porque fez algo errado"; "Dinheiro não traz felicidade"; e "Mais vale um gosto do que dinheiro no bolso". Talvez você até tenha lido essas frases com a voz da pessoa que falava isso para você. Tais dizeres, ouvidos na infância, têm um impacto gigantesco na forma como você lida com o dinheiro hoje, e são eles que constroem suas crenças financeiras.

Nos relacionamos com o dinheiro de forma silenciosa, proibida e esse pode ser um dos motivos que nos leva a tanto endividamento e, consequentemente, ao adoecimento físico e emocional. Aprendemos a lidar com o dinheiro com nossa família de origem, embora seja um assunto pouco falado e, muitas vezes, ainda invisível nos lares. A forma como aprendemos a lidar com dinheiro é diretamente ligada à forma como os nossos pais, avós e cuidadores mais próximos se relacionavam com ele; ou seja: é um processo transgeracional.

É dentro da família que se constrói a definição do que é dinheiro, e todos nós temos um significado a seu respeito – ele representar amor, poder, segurança, liberdade, autoestima etc. As famílias exercem muita influência nas escolhas individuais de seus membros, transmite valores, crenças e emoções. Isso faz com que cada grupo familiar crie suas regras. Por uma sensação de dever e justiça, os membros leais se sentem na obrigação de cumpri-las; do contrário, se sentem culpados.

Mesmo em uma família na qual o assunto "dinheiro" seja tabu, esse tema permanece presente o tempo inteiro, uma vez que nos relacionamos com o dinheiro o dia todo – mesmo sem perceber, estamos sempre tomando decisões econômicas.

Constantemente, chegam pessoas no meu consultório de psicologia dizendo que seus pais nunca falaram de dinheiro com elas. Mas o assunto estava presente nos objetos que as rodeavam, como o carro e a casa de seus pais, a escola que elas frequentavam e as viagens que faziam.

Nesse sentido, podemos entender que, mesmo que não seja dito, é na família de origem que você compreende o que é proibido, permitido, negado e aceito financeiramente a você. Logo, podemos afirmar que mensagens sobre o significado do dinheiro são comunicadas por meio de gerações, dando origem a um legado de crenças e expectativas. Essas crenças são responsáveis pela forma como lidaremos com as finanças – elas são moldadas e desenvolvidas ao longo da vida.

E o que são crenças financeiras? Trata-se de compreensões duradouras e tão profundas a respeito do dinheiro que são tidas como verdades absolutas. Compõem uma programação mental que influencia seus resultados, comportamentos, suas atitudes e qualidade de vida, dentre outros aspectos. As crenças são rápidas e induzem suas tomadas de decisão sem que você perceba, e têm tanta força que buscamos nos relacionar ou estar em ambientes que confirmam os nossos pensamentos e aquilo em que acreditamos. Desse modo, nos afastamos do que não está de acordo com a maneira como pensamos.

Tendemos a carregar as convicções aprendidas na infância por toda a vida. Para Klontz e Klontz (2011) as crenças são desenvolvidas na infância por meio da escuta, das interpretações e experiências da criança, além de serem transmitidas de geração em geração dentro do sistema familiar. Acredite, você tem mais aspectos financeiros dos seus pais do que imagina.

Lidamos com as crenças de forma invisível, não olhamos para elas, não levamos em consideração o seu impacto em nossas vidas. Mesmo porque, as crenças se tornam verdades absolutas, e não as questionamos. Logo, podemos afirmar que toda decisão financeira que uma pessoa toma é fruto da informação que ela tem à disposição no momento, associada ao seu modelo mental único sobre a forma como o mundo funciona.

Observar e modificar suas crenças faz com que você saia do ponto financeiro em que se encontra. E, para isso, é imprescindível um processo de autoconhecimento. Conhecer suas certezas, sua origem e a forma como elas te afetam pode proporcionar a mudança financeira que você tanto espera – o que pode ser libertador.

Existe uma busca desenfreada por juntar mais e mais dinheiro: uma promoção, um ganho inesperado que lhe garanta um aumento de renda. É como se um problema financeiro atual só fosse resolvido com mais dinheiro. E isso também é uma crença: pensar que problemas financeiros só se resolvem com mais dinheiro. Porém, a maioria das pessoas já teve esse tão sonhado aumento no faturamento e o seu problema não deixou de existir. Um dos motivos por que isso acontece se relaciona ao pouco conhecimento que temos sobre nossas emoções ligadas ao dinheiro. Não conhecemos nossas crenças, sabemos pouco das nossas heranças e do nosso mundo interno financeiro.

Nossas heranças financeiras representam aquilo que recebemos dos nossos pais com relação ao dinheiro: são as crenças financeiras. Por exemplo:

1º caso – Ana cresceu ouvindo seus pais falarem que pessoas ricas são ruins. Em qualquer oportunidade, sua mãe lhe contava a história da tia Cotinha, que se casou com um homem rico e foi embora, abandonando a família. Ana cresceu e recebeu uma oferta de um trabalho que poderia mudar sua vida e a da sua família financeiramente. Então tem início um grande conflito interno: ser ou não ser rica? Em casos assim, é normal pessoas como Ana aceitarem o emprego e, inconscientemente, fazerem de tudo para perder o dinheiro recém-conquistado. Endividar-se, cair em golpes, emprestar dinheiro, fazer compras compulsivamente ou prescindir de acompanhamento financeiro. Pessoas assim não olham seus próprios extratos bancários.

2º caso – Diego cresceu em uma família que associava o dinheiro à dor e ao sofrimento. Ele sempre ouvia o pai dizer que, para ganhar dinheiro, tinha que sofrer muito. "Dinheiro não nasce em árvore", era a frase preferida dele. Diego cresceu, se formou em Direito, e passou a trabalhar 16 horas por dia. Não se permite ter férias, quase não dorme, não cuida de sua saúde e vive em conflito com seus colegas de trabalho. Ele tinha a possibilidade de ganhar dinheiro com leveza; afinal, ele sempre foi um ótimo aluno e gosta muito da profissão que escolheu, mas transformou seu trabalho em dor e sofrimento.

Nos dois relatos, os filhos são leais aos pais em suas crenças e formas de se relacionar com o dinheiro? Na psicologia, chamamos isso de lealdades invisíveis. Provavelmente tanto Ana quanto Diego não percebem que repetem as mesmas convicções de seus pais. Para essa tomada de consciência, é necessário um processo de autoconhecimento.

Portanto, lhe convido a olhar para as suas crenças financeiras. Quais bagagens você carrega da sua família de origem em relação ao dinheiro? Qual é a história financeira da sua família? Qual frase ou dito popular envolvendo dinheiro você ouvia quando era criança? Como seus pais influenciam a forma com que você lida com o dinheiro, hoje? O que você ganha e o que perde quando repete os mesmos padrões de seus pais? Quem prosperou e o que acontece com quem prospera? Quem ficou na pobreza?

Essas perguntas podem funcionar como uma guia para você compreender suas crenças financeiras. A partir do momento em que você toma consciência daquilo que tinha uma força invisível em sua vida, pode escolher mudar. Quando olho para o meu mundo interno, eu mudo a forma como me comporto financeiramente. Ao mudar nossas convicções, alteramos os nossos resultados.

Um outro exercício simples e fácil é listar tudo o que você pensa e faz com o dinheiro. Use essa lista para questionar o que você tem feito em relação à sua vida financeira: o que é necessário manter, o que você pode jogar fora e qual comportamento deve mudar. A escrita terapêutica tem a capacidade de levá-lo para o seu mundo interno; portanto use e abuse desse mecanismo. Acredite: é possível modificar sua vida financeira a partir da mudança das suas crenças.

Quando olhamos para o nosso histórico familiar com respeito e amor, entendemos que podemos fazer outras escolhas sem julgar aquilo que nos antecedeu. Isso nos permite romper com as lealdades do nosso sistema de origem e criar uma história diferente da dos nossos pais. Investigar e analisar o histórico financeiro de sua família pode ser extremamente libertador.

Conhecer suas crenças sobre dinheiro, sucesso e prosperidade é um exercício de autoconhecimento que o ajudará a estabelecer diversas estratégias importantes. Por meio delas, é possível fortalecer crenças positivas ou funcionais e eliminar convicções disfuncionais, que impedem a conquista de metas financeiras.

As referências bibliográficas desse capítulo estão no Anexo localizado na última página do livro.

"

A forma como lidamos com o dinheiro é a forma como lidamos com a vida.

Luciana Cardoso

Mário Henrique Reis

Paraense de Belém, moro hoje em Itaituba (PA). Iniciei minha carreira profissional nas feiras de Belém, vendendo jornal. Tornei-me engenheiro de computação, especialista em Engenharia de Produção e Redes de Computadores, com certificado internacional Mikrotik e certificado Anbima.

Faço parte da principal instituição financeira da zona do euro e sou proprietário da Atualize Mentoria de Educação Financeira. Cristão, sou apaixonado por minha família, meus pais, minhas irmãs, e em especial, pelo meu filho. Todos eles são o motivo de eu estar aqui.

@mariohenriquereis
(91) 99147-8682
www.atualizefinancas.com.br
mariohreisn@gmail.com

19

RENDA FIXA

Por Mário Henrique Reis

Quando se fala sobre investimentos, é normal o assunto soar complexo, com muitos termos técnicos e uma linguagem aparentemente distante do leitor, parecendo uma sopa de letrinhas. Neste capítulo, no entanto, você vai ter uma experiência mais clara e direta sobre investimentos.

Mas, afinal o que é investimento? Trata-se da aplicação de um capital com o objetivo de obter lucros após um determinado período. Alguns autores, como Nathalia Arcuri, da plataforma *Me Poupe* e Thiago Nigro, criador do canal *Primo Rico*, dentre outros, dizem que investimento de renda fixa (RF) se refere ao dinheiro que você "empresta" para uma instituição financeira (IF), para o governo ou empresas. Você já viu alguém tomar uma camisa sua emprestada e devolver duas para você? É por esse motivo que não utilizo o termo "empréstimo" e, sim, "aluguel" – já que você receberá uma remuneração enquanto outros utilizarem o seu dinheiro.

Diante dessa definição, existem duas classes de investimentos, e uma delas é a Renda Fixa (RF). Renda (retorno) e Fixa (previsível). Com ela, você consegue prever qual será o seu retorno ao longo de um determinado período.

Notou como ficou claro? É essa barreira de entendimento que eu precisava quebrar quando comecei a flertar com o mercado financeiro. Hoje, meu perfil no Instagram tem essa finalidade: a de desburocratizar o entendimento sobre investimentos e educação financeira.

Antes de mergulharmos em Investimentos de RF, mostrarei três perguntas que um investidor iniciante deve se fazer. São elas:

1. Qual é o seu perfil de investidor?
2. Qual é o seu objetivo?

3. Por quanto tempo pretende investir?

A primeira pergunta está relacionada à API (análise de perfil do investidor). É por meio desse questionário que as IFs e você saberão qual é o seu apetite para risco – e aqui, cito a primeira característica da RF. Geralmente, quem faz esse tipo de investimento busca **segurança** e quase nenhuma oscilação dos ganhos.

A segunda pergunta está ligada ao seu horizonte de objetivos: curto, médio e longo prazos. Quando falo em curto prazo e na possibilidade de resgate imediato ao precisar do recurso, surge a ideia de urgência: a **Reserva de Emergência**. Essa reserva, obrigatoriamente, deve ter liquidez (o fato de o dinheiro estar aplicado quando for solicitado o resgate).

Já a terceira questão fala da determinação de seus objetivos. Ou seja, quando você os coloca na linha do tempo e escolhe os investimentos adequados ao objetivo e ao prazo.

A partir de agora, apresentarei a você alguns investimentos de RF divididos em títulos públicos e privados.

Títulos privados

CDB – Certificado de Depósito Bancário

Já definimos que investir em RF é "alugar" seu dinheiro para uma IF, empresa ou para o governo. Agora, vamos entender o que são os investimentos de RF, a começar pelo CDB.

Esse tipo de investimento possui rentabilidade atrelada à taxa CDI (Certificado de Depósito Interbancário), taxa que as IFs operam entre si e é a principal tarifa de referência para investimentos de RF. Encontramos três características na escolha desse investimento: Prefixado, Pós-fixado e Híbrido. Preste muita atenção nesses conceitos, pois vamos usá-los em todos os investimentos de RF.

No Prefixado, você já fica sabendo qual é a taxa, que será fixa até o final do prazo estabelecido da aplicação, mesmo se o CDI oscilar. Por outro lado, temos o Pós-fixado, que pagará a rentabilidade do CDI no momento do resgate. Já o investimento **Híbrido** é pouco utilizado, mas segue a mesma lógica, pois parte da taxa é Prefixada e a outra é Pós-fixada.

Imagine o seguinte: Um CDB de R$ 1.000 que paga 100% do CDI Pós-fixado em um ano, com liquidez diária. Hoje, enquanto escrevo este capítulo, o CDI está em 13,65%. Logo, 13,65% representam 100% do CDI; em um ano, eu terei, aproximadamente, R$ 1.333,54.

Tenha muito cuidado com IFs e corretoras que prometem 200% do CDI: elas não permitem resgate antes do prazo e geram mais risco. "Mas qual risco?" Geralmente, quem faz essas ofertas mais altas está captando clientes e recursos e, por isso, oferecem taxas atrativas. Se uma IF pequena ou uma corretora quebrar, você corre o risco de perder seu capital. Para proteger os investidores de riscos como esse foi criado o FGC (Fundo Garantidor de Crédito). Trata-se de uma entidade sem fins lucrativos que protege o investidor em caso de falência de IFs. A cobertura é de até 250 mil reais por CPF e IFs limitados a 1 milhão.

Tributação

IOF (Imposto sobre operações financeiras)

É um imposto cobrado somente na rentabilidade do investimento e obedece à tabela regressiva no período de 30 dias. Se a aplicação for superior a um mês, você recebe isenção.

Imposto de Renda

A cobrança de IR obedece à tabela regressiva de alíquota sempre sobre o rendimento. O desconto ocorre na fonte, no momento em que você solicitar o resgate. A tributação se dá nos prazos de 0 a 180 dias, de 181 a 360 dias, de 361 a 720 dias e acima de 720 dias, com alíquotas de 22,5%; 20%; 17,5%; e 15%, respectivamente.

LCI/LCA – Letra de Crédito Imobiliário/Agronegócio

Esse tipo de investimento tem características similares às do CDB. Sua rentabilidade segue o CDI e pode ser Pré, Pós-fixado e Híbrido, e não possui liquidez diária.

Outra característica desse investimento é o benefício fiscal. Como ele incentiva o setor imobiliário e o agronegócio, o governo o isenta do IR. As LCI/LCA têm a segurança do FGC. Por exemplo: imagine uma LCI com 90% do CDI. São R$ 5.000,00 de aplicação inicial, com prazos de 90, 180 e 360 dias. Com isenção de IR, seus rendimentos serão de R$ 145,39; R$ 295,00; e R$ 607,41, respectivamente.

Agora, veja um CDB com 100% do CDI. Temos R$ 5.000,00, com o mesmo prazo e com alíquota de IR de 22,5% para 90 dias; 20% para 180 dias; e 17,5% para 360 dias. Seus rendimentos serão de R$ 125,72; R$ 263,76; e R$ 561,95, respetivamente.

Perceba que mesmo o CDB pagando 100% do CDI, a LCI teve mais rentabilidade, pagando 90% do CDI, por ser isento de IR.

Letras de Câmbio

É um título de RF que se assemelha ao CDB. Se você adquirir esse tipo de investimento, também está "alugando" seu dinheiro a uma IF, podendo ser Pré e Pós-fixado, além de contar com a cobertura do FGC.

Letras Financeiras

Para quem busca investimento com segurança a longo prazo emitido por IF, as LFs são boas opções. Nesse tipo de investimento, a liquidez é de cerca dois anos, com aplicação inicial mais alta: em média, de R$ 50 mil; porém, não possui proteção do FGC.

CRI/CRA (Certificados de Recebíveis Imobiliários/Agronegócio)

Semelhante às LCI e LCA, os CRI/CRA são certificados que incentivam setores. Eles diferem no retorno, que pode ser semanal, mensal ou anual e não possuem nenhuma proteção do FGC. Lembre-se de que esse investimento incentiva setores da nossa economia; portanto, o governo isenta de IR quem faz esse tipo de aplicação.

Debêntures

Diferentemente do que já vimos até agora, quem emite esse produto de investimento são as empresas, e não as IFs. Quando as empresas precisam fazer grandes investimentos, emitem títulos de dívidas chamados Debêntures. Uma vez que quem os emite são empresas, e o FGC protege os investimentos de IFs, eles não possuem proteção do FGC.

As debêntures têm como seu principal indexador o CDI a e cobrança de IR, com exceção das **Debêntures Incentivadas**, que estimulam os setores de infraestrutura do país. (E, por isso, elas têm isenção de IR.)

Títulos Públicos

Vamos seguir a mesma linha de raciocínio usada nos títulos privados. Se neles você "aluga" seu dinheiro para uma IF, nos títulos públicos você "aluga" seu capital ao Governo Federal.

Dentro do portal do **Tesouro Direto**, plataforma que comercializa esses investimentos, você encontrará todos os títulos do tesouro nacional, com diversas características que podem se adequar aos seus objetivos.

Tesouro Prefixado

Neste título público, é possível prever qual é o rendimento exato no seu vencimento. Recomendo-o para quem deseja investir a médio/longo prazo – ou seja, por mais de um ano.

Com CUPOM

Se você deseja receber a sua rentabilidade a cada semestre (CUPOM), você pode optar pelo Tesouro Prefixado com juros semestrais.

Tesouro IPCA

Quando o objetivo for de longo prazo, sem que seu dinheiro perca o poder de compra com o tempo, a opção é em Pós-fixado do Tesouro IPCA, que é atrelado ao índice de inflação do país.

Com CUPOM

Se você deseja receber a sua rentabilidade a cada semestre (CUPOM), você pode optar pelo Tesouro IPCA com juros semestrais.

Tesouro SELIC

Como o nome já deixa claro, o Tesouro Selic é um título público pós-fixado cuja rentabilidade está ligada à SELIC (Taxa básica de juros do Brasil). Recomendo aos meus alunos esse investimento para objetivos de curto prazo e Reserva de Emergência.

Da Tributação

Os Títulos do Tesouro seguem a mesma regra de tributação dos títulos privados. Há isenção de IOF para quem permanecer aplicado acima de 30 dias, conforme a tabela de IOF; já no IR, a tributação ocorre pelo regime regressivo. Todo o recolhimento de imposto é feito na fonte. Além disso, é cobrado 0,20% a. a. de custódia de negociação da B3 (Bolsa de Valores) para volumes acima de R$ 10 mil. Abaixo desse valor o investidor é **isento**.

Finalizo esse texto muito grato a você, leitor, por me permitir apresentar uma forma simples de iniciar seus primeiros investimentos. Como disse anteriormente, a maioria dos meus alunos e clientes se sentia incapaz de iniciar seus investimentos. Neste capítulo, você pôde definir seus objetivos a curto, médio e longo prazos e escolher qual investimento deve estar inserido nessa meta. Dê o seu primeiro passo, crie o hábito de poupar. Vimos que há investimentos que podem começar com R$ 30,00! Investir é muito mais que guardar dinheiro, é ter disciplina na construção do futuro.

"

Investir é muito mais que guardar dinheiro: é ter disciplina na construção do futuro

Mário Henrique Reis

Michele Querino

Sou Michele Querino, contadora, palestrante e consultora financeira licenciada nos Estados Unidos, com mais de 25 anos de experiência em finanças corporativas. Com MBA em Gestão Empresarial pela FGV e pós-graduação em Educação Financeira, sou mentora de finanças pessoais e empresariais, focada em finanças, liderança e gestão empresarial para *small business*, nos Estados Unidos. Minha missão é ajudar empresários a terem mais clareza e controle sobre suas finanças, por meio de mentorias personalizadas, com estratégias lógicas e reais. Meu compromisso é ajudar as pessoas a atingirem seus objetivos financeiros, para uma vida próspera e feliz.

@micheleqoficial
+1 786-819-3501
mq.mentoring@michelequerino.com

20

SEU PERFIL FINANCEIRO DIZ MUITO SOBRE VOCÊ

Por Michele Querino

Neste capítulo, vamos explorar como cada indivíduo tem um perfil financeiro único que influencia diretamente suas decisões em relação ao dinheiro. Você vai descobrir o seu estilo e entender suas características especificas, bem como os pontos fortes e fracos de cada um desses perfis.

Finanças pessoais vão muito além do dinheiro: elas envolvem questões comportamentais, crenças e hábitos que herdamos dos nossos pais e avós, muitas vezes de forma inconsciente, estando diretamente ligados à mentalidade.

Gerenciar nossas finanças pessoais pode ser um desafio, especialmente quando não sabemos qual é o nosso perfil nesse segmento e como isso afeta a forma como lidamos com o dinheiro. Ao descobrir o seu perfil financeiro, é possível entender melhor suas características, a motivação para algumas atitudes, o que há de positivo em cada estilo e as áreas que precisam ser trabalhadas e melhoradas. Isso permite desenvolver estratégias personalizadas e eficazes que vão ajudá-lo a alcançar seus objetivos, de acordo com o seu estilo de vida.

Serão discutidas cinco personalidades financeiras e o impacto que cada uma tem diretamente nas finanças pessoais. Você pode ter mais de um perfil financeiro, e a junção de ambos definirá com mais precisão seus padrões. Também, será possível identificar o perfil financeiro de seu parceiro, facilitando o entendimento das formas diferentes de lidar com o dinheiro em uma mesma família. Tal reconhecimento, quando compreendido, pode ser usado a favor desse núcleo familiar, considerando a somatória dos pontos fortes de ambos e a identificação dos pontos fracos a serem trabalhados em conjunto.

Seja você um novato ou um especialista em finanças, este capítulo será um guia útil para entender seu perfil financeiro e alcançar seus objetivos.

1 - POUPADOR

➢ **Características:**

- sabe a importância de guardar dinheiro;

- restringe os gastos e poupa o máximo possível;
- nem sempre é compreendido pelas pessoas mais próximas;
- tem um valor de segurança muito alto; e
- recebe críticas por ser mesquinho e pão duro.

➢ **Pontos fortes:**

- é disciplinado;
- tem facilidade em economizar;
- tem bastante resistência aos apelos de consumo; e
- é sempre muito firme em suas decisões.

➢ **Pontos fracos:**

- é conformado com um padrão de vida simples;
- não gosta de viver novas experiências;
- esquece que precisa viver;
- muitas vezes poupa sem ter um propósito definido; e
- está sempre em conflito com as pessoas que querem novidades.

Um ponto de reflexão importante para o **poupador** é avaliar se sua falta de ambição não está afetando sua qualidade de vida. É necessário economizar e viver dentro de suas possibilidades, mas, às vezes, é fácil cair na armadilha de cortar gastos a todo custo, mesmo que isso signifique sacrificar experiências e momentos especiais com amigos e familiares.

Portanto, é essencial encontrar um equilíbrio saudável entre economizar e aproveitar a vida. Isso pode significar gastar um pouco mais em atividades e experiências que são importantes para você e para as pessoas que você ama, encontrando maneiras de economizar em outras áreas, para compensar.

2 - GASTADOR

➢ **Características:**

- tem a seguinte mentalidade: "É melhor viver bem hoje, porque o amanhã pode nem chegar";
- gasta toda a sua renda e, às vezes, até mais do que ganha;
- gosta de status, roupas de grife e produtos que pareçam caros e aparentem sucesso; e
- tem a necessidade de agradar.

➢ **Pontos fortes:**

- está sempre disposto a experimentar coisas novas;
- tem um estilo de vida *(lifestyle)* admirado pelos outros;
- Geralmente possui muito hobbies;
- é uma pessoa interessante de se conversar; e
- está sempre ligado nas novas tendências.

➢ **Pontos fracos:**

- tem uma dependência extrema à estabilidade no emprego ou no negócio;
- tem dificuldade de olhar para o futuro;
- não possui reserva alguma; e
- não gosta de controles, orçamentos ou planilhas.

Se você é um perfil financeiro gastador, é importante refletir sobre suas escolhas de consumo e como elas podem afetar seu bem-estar financeiro a longo prazo.

Embora seja tentador gastar com coisas que proporcionam alegria imediata, é importante lembrar que o dinheiro é um recurso limitado, o qual deve ser usado com sabedoria, para garantir sua segurança financeira futura.

3 - DESCONTROLADO

➢ **Características:**

- não sabe o quanto ganha e nem o quanto gasta;
- seu dinheiro "some" todos os meses;
- está sempre cortando gastos, mas nunca é o suficiente;
- usa com frequência os limites do cartão de crédito e do cheque especial; e
- nunca tem tempo para fazer sua organização financeira.

➢ **Pontos fortes:**

- gosta de agradar as pessoas; e
- geralmente, cede quando tem dinheiro para evitar ter que pensar em finanças.

➢ **Pontos fracos:**

- é indisciplinado;
- tem muitos conflitos familiares;
- paga um valor excessivo de juros e multas;
- gera muito cansaço e sofrimento; e
- tem dificuldade de fazer e seguir um plano financeiro.

Se você tem um perfil financeiro **descontrolado**, é fundamental ponderar sobre como esse comportamento está afetando a sua vida a curto e a longo prazo. Questões importantes para refletir incluem as causas do seu descontrole financeiro, as consequências atuais e futuras desse comportamento e as possíveis soluções, como buscar ajuda profissional, aprender mais sobre educação financeira, criar um orçamento, definir objetivos financeiros claros ou mudar hábitos de consumo. Atentar para essas questões pode ajudá-lo a alcançar uma vida financeira mais saudável e equilibrada.

4 - DESLIGADO

➢ **Características:**

- gasta menos do que ganha, mas não sabe quanto ganha;
- poupa o que sobra, quando sobra;
- viaja ou troca de carro quando recebe um dinheiro extra;
- se não tem dinheiro para pagar algo à vista, parcela a compra;
- paga muitos juros e muitas multas porque se esquece das contas;
- não tem ideia de qual será o valor da próxima fatura do cartão de crédito;
- acha que é cedo para pensar no futuro, não tem aposentadoria; e
- sua mentalidade é: se estiver dando para pagar as contas, está ótimo.

➢ **Pontos fortes:**

- tem folgas financeiras eventualmente;
- tem facilidade de reduzir gastos, quando quer; e
- deixa que outra pessoa cuide do seu financeiro.

➢ **Pontos fracos:**

- tem dificuldade de planejar e estipular objetivos;
- não tem disciplina;
- não gosta de ser questionado sobre gastos;
- possui diversos conflitos familiares; e
- não tem muitas ambições.

Se você se identifica com o perfil financeiro **desligado**, é importante refletir sobre as consequências que essa postura pode ter em sua vida financeira a longo prazo. O fato de você não se preocupar muito com dinheiro pode gerar decisões financeiras equivocadas, resultando em problemas como endividamento, falta de reservas financeiras e aposentadoria inadequada. Por isso, é essencial considerar a possibilidade de adquirir conhecimentos básicos de finanças, buscando informações sobre planejamento financeiro, orçamento, poupança e investimentos, mesmo que de forma gradual. Essas atitudes podem fazer uma notável diferença em sua vida financeira a longo prazo. Lembre: dinheiro não leva desaforo.

5 - FINANCISTA

➢ **Características:**

- é disciplinado e rigoroso com o controle de gastos;
- nem sempre seu objetivo é poupar; muitas vezes, o foco está em fazer a melhor compra;
- usa planilhas, faz lista de compras e tem planejamento para comprar em determinados momentos, com condições melhores; e
- entende de investimentos e é procurado pelos amigos para dar orientações.

➢ **Pontos fortes:**

- tem facilidade de desenvolver planos e colocá-los em prática;

- possui capacidade de investir;
- usa melhor o dinheiro; e
- faz escolhas inteligentes na hora de comprar.

➢ **Pontos fracos:**

- tem dificuldade de manter todos os membros da família comprometidos com "os seus" planos;
- é chamado de "chato" por se apegar a tantos detalhes;
- não prioriza as experiências, mas o que sai mais em conta; e
- pode se tornar intransigente se não ceder em alguns momentos especiais.

O perfil financeiro **financista** precisa equilibrar os aspectos quantitativos e qualitativos em suas decisões, sem esquecer que as experiências vividas também contam muito. Além disso, em alguns momentos será necessário renunciar a algo em prol das pessoas que ama.

A falta de equilíbrio entre esses fatores pode levar a investimentos arriscados e a impactos negativos nos relacionamentos. Entender o seu perfil financeiro define bem a frase: "Cuide do dinheiro que o dinheiro cuida de você".

O perfil financeiro pessoal **não** é algo com o que você se identifica uma vez e deixa para lá. Trata-se de um processo contínuo de avaliação, revisão e ajuste. Ao identificar seu perfil financeiro, é possível entender melhor sua situação atual e estabelecer metas realistas, ajudando-o a tomar decisões financeiras assertivas e a criar um plano de ação para alcançar seus objetivos.

É essencial identificar suas receitas e despesas, ter um controle financeiro, definir um orçamento realista, estabelecer metas e criar um plano de ação de acordo com a sua realidade e o seu perfil, para que ele seja incorporado de forma mais leve e constante na sua vida.

Quando identificamos nosso perfil, reconhecemos nossas crenças limitantes e, assim, algo incrível acontece: ao perceber esses limites, temos a chance de não querer que eles permaneçam em nossas vidas. Essas crenças pertenciam aos nossos avós, foram passadas para os nossos pais e, agora, decidimos se queremos continuar a carregá-las.

Ao entendermos que é possível controlar nossas finanças, que somos merecedores de uma vida próspera e que investimentos são acessíveis a todos, independentemente da renda, podemos criar uma nova mentalidade e alcançar a prosperidade financeira.

Descobrir o seu perfil financeiro pessoal é um processo poderoso para alcançar o sucesso nas finanças. Com dedicação e disciplina, qualquer pessoa pode desenvolver um perfil financeiro sólido e conquistar a estabilidade financeira. Comece agora mesmo e veja como suas escolhas podem impactar positivamente sua vida e a das pessoas que você ama, a longo prazo.

"

Sua relação com o dinheiro é construída por meio do seu perfil financeiro, que é definido por seus comportamentos e suas crenças.

Michele Querino

OS 7 HÁBITOS DAS PESSOAS ALTAMENTE EFICAZES
MINDSET
A ÚNICA COISA

Nathália Eccard

Sou Nathália Eccard Manhães, mãe dos gêmeos Davi e Emanuel, educadora financeira e infoprodutora. Além disso, sou mestre em Produção Vegetal, engenheira agrônoma e engenheira de segurança do trabalho.

Vivi controlada pelo dinheiro por mais de uma década. Aos 29 anos, me comprometi com minha organização financeira, e fui de endividada para investidora, em menos de um ano. Nesse caminho, encontrei um propósito: disseminar o poder transformacional da educação financeira.

Em 2022, larguei a agronomia e hoje uso minha experiência de vida e conhecimentos adquiridos para ajudar mães e mulheres a terem mais liberdade de escolha e realizarem seus sonhos, por meio do controle de suas finanças.

@maenasfinancas
www.nathaliaeccard.com.br
(22) 98162-8297

21

RESERVA DE EMERGÊNCIA

Por Nathália Eccard

Minha vida antes da organização financeira foi marcada pela falta de pensar no amanhã e de me preparar para ele. Assim, consegui acumular muitas dívidas e nenhum patrimônio. A cada imprevisto, o uso do cheque especial ou do cartão de crédito me levaram diversas vezes ao fenômeno que chamamos de "bola de neve", que acontece quando se gasta mais do que ganha e os juros se acumulam de forma insustentável. Hoje, depois da transição de devedora para investidora, que me levou a querer disseminar a importância da educação financeira, eu vejo que, para esse e muitos outros problemas financeiros, ter uma reserva de emergência é essencial.

Desconsiderar imprevistos é um dos principais erros financeiros que se pode cometer. Pessoas entram em dívidas por não contemplarem, no seu orçamento, uma quantia a ser guardada para cobrir eventos inesperados, pois, normalmente, eles são improteláveis. Problemas financeiros que podem surgir pela falta dessa reserva estão sujeitos a impactar outras áreas da vida, como o lado emocional, casamentos, e até o trabalho. Mas, ao se organizar e poupar todos os meses para eventuais emergências, a tranquilidade financeira da família e o planejamento para a realização dos sonhos estão resguardados.

Agora, vamos conhecer mais a fundo por que essa reserva é indispensável na sua evolução financeira.

O que é a reserva de emergência?

Trata-se de um montante de capital acumulado, que pode ser destinado a emergências e/ou imprevistos, que não há como contemplar no orçamento mensal como uma despesa, pois é impossível prevê-lo.

A importância de se ter uma reserva de emergência (que daqui para a frente mencionarei como R.E.) consiste em, caso ocorra um gasto necessário inesperado e inadiável, conseguir arcar com esse custo sem precisar recorrer a um crédito externo. Por exemplo, no caso de uma demissão repentina ou manutenção imprevista do carro.

Por outro lado, temos que elucidar também o que não é uma emergência, para que os critérios de resgate da R.E. sejam claros e não haja desalinho sobre quando utilizar esse capital. Gastos esporádicos, que acontecem uma ou poucas vezes durante o ano, não configuram um imprevisto ou emergência, e poderão ser planejados ao longo dos meses. Como alguns exemplos temos: IPVA, IPTU, seguro do carro, aniversários e material escolar.

Em um planejamento financeiro, a combinação de ferramentas como a R.E., previdência social e seguros permitirão que a pessoa siga com tranquilidade em sua profissão, pois saberá que está preparada para vários incidentes que possam surgir.

Calculando o valor da sua reserva de emergência

O cálculo do montante ideal para a R.E. depende do nível de estabilidade de renda do indivíduo ou da família. Por exemplo, um servidor público tem mais previsibilidade em relação aos seus rendimentos do que um autônomo. Portanto, o valor total da R.E. do autônomo deveria ser maior, comparado ao do servidor público. Quanto mais arriscado é para a família ficar sem a receita, mais dinheiro deverá ser poupado.

Apesar de o cálculo da R.E. não obedecer a uma regra, recomenda-se que esta seja de, pelo menos, seis vezes o custo de vida mensal – mas, idealmente, 12 vezes. Isso porque, no prazo de 6 a 12 meses, a pessoa terá tempo para se recuperar de uma doença ou de encontrar outro emprego, por exemplo.

Investindo na reserva de emergência

Como a R.E. visa garantir, sobretudo, a segurança financeira de uma família, busca-se destiná-la a investimentos que tenham retorno acima da inflação. Essa é a perda do poder de compra do dinheiro, o quanto ele está sendo desvalorizado ao longo do tempo. Se a R.E. não for designada para investimentos que visem obter retorno líquido positivo após descontada a inflação, é possível que, ao resgatá-la, esse dinheiro tenha perdido valor, cobrindo menos custos do que no passado, quando iniciaram os aportes. Além disso, se há o esforço de poupar todos os meses para esse fim, é inteligente escolher investimentos que possam rentabilizar mais pelo tempo que não houver necessidade de movimentação.

Em geral, para saber escolher o produto de investimento ideal, é preciso observar três pilares: objetivo, prazo e aportes. Definido o objetivo, tem-se destino carimbado ao atingir o montante ideal para realizá-lo. Ao estabelecer o prazo, tem-se a data-limite para acumular o valor total; assim, consegue-se calcular os aportes mensais necessários.

No caso da R.E., há como estipular o montante ideal e os aportes mensais, mas não é possível definir um prazo para resgate. Essa reserva faz parte da organização financeira ao longo de toda a vida, e, como bem sabemos, só será acessada em casos sem data e quantias pré-definidas. A vida nos ensina que se há algo que pode ser previsto é que imprevistos sempre acontecem, e não estarmos preparados para eles pode nos sair muito caro.

Para investir a R.E. buscamos atender aos seguintes requisitos:

- Segurança: esse capital deve ser destinado aos investimentos mais conservadores possíveis e ter a tranquilidade de que, ao necessitar fazer retiradas, o dinheiro esteja lá.
- Baixa volatilidade: ao investir a R.E. em ações, por exemplo, e houver um incidente, há a chance de que, no dia de resgate, os papéis estejam no prejuízo, sendo necessário retirar menos do que o valor que foi aportado inicialmente. Por isso, buscam-se investimentos que não sofram com a volatilidade, ou seja: que não variem seu preço ao longo do tempo.
- Liquidez diária: isso significa que, ao pedir o resgate do investimento, rapidamente aquele capital transforma-se em dinheiro no bolso. Para a R.E., o ideal é que se consiga fazer essa conversão no mesmo dia, até nos fins de semana. Afinal, emergências não esperam o próximo dia útil para acontecer.

Na busca pela evolução financeira, tomar decisões sábias envolvendo dinheiro é primordial. Portanto, como já dito, é possível investir a R.E. para rentabilizar o patrimônio. Mas, para atender aos critérios de segurança, baixa volatilidade e liquidez diária, a escolha dos investimentos fica limitada a produtos conservadores. Antes de saber quais são os produtos mais adequados para a R.E., vamos ver alguns exemplos de onde não deixar essa reserva:

- Na conta corrente: evitamos fazer isso pela dificuldade na separação dos valores devido à movimentação da conta, além da perda da oportunidade de rentabilizar esse capital.

- Na poupança: evitamos deixá-la na poupança do banco porque essa aplicação rende menos do que a taxa Selic, e, muitas vezes, até mesmo abaixo da inflação, tendo uma rentabilidade líquida pouco atrativa, quando não, negativa.

- Na renda variável: não é recomendado destinar a R.E. em ações, fundos imobiliários e outros ativos que compõem a renda variável, pois eles têm alta volatilidade.

Agora, listaremos as melhores opções para investir a R.E.:

– Tesouro Selic: tem a sua rentabilidade atrelada à taxa Selic. Ele é o investimento mais conservador e seguro no Brasil, pois é emitido diretamente pelo Tesouro Nacional, do Governo Federal.

– CDB de liquidez diária 100% do CDI: É o Certificado de Depósito Bancário, emitido por bancos, com liquidez diária e rendimento de 100% do CDI. Este tem uma relação de paridade com o valor da taxa Selic; portanto, seu rendimento é bem próximo ao do Tesouro Selic. A sua segurança é certificada pelo FGC (Fundo Garantidor de Crédito). Assim, caso o banco vá à falência, pode-se pedir resgate do valor investido – até R$250 mil por instituição financeira – em até quatro instituições, por CPF. Outro dado importante sobre os CDBs é que eles são tão seguros quanto a poupança (que também tem a garantia do FGC), mas geralmente rendem mais do que ela.

Quanto guardar por mês?

Não há uma regra de quanto aportar por mês para a R.E., mas, de maneira geral, recomenda-se poupar pelo menos 10% da renda para objetivos futuros. Como a R.E. deve ser o primeiro passo dos investimentos na evolução financeira, então, inicialmente, esses 10% devem ser destinados a ela.

Para acelerar a formação da R.E. com planejamento financeiro, pode-se utilizar as rendas complementares, como: 13º salário, bônus, férias e renda extra, para que, nos meses de mais ganhos, também sejam maiores os aportes.

A importância da reserva de emergência para outros objetivos

A consolidação da R.E. é importante para o planejamento de outros objetivos, podendo ser, até mesmo, o pagamento de dívidas. Com dívidas a pagar, no caso de uma despesa extraordinária, e não tendo recursos para cobri-la imediatamente, é provável se comprometer com mais dívidas.

Em algum momento, no caminho da organização financeira, se uma família está muito endividada, é preciso reorganizar o orçamento e rever suas prioridades, separando também uma quantia para a formação da R.E., enquanto se resolvem as dívidas em paralelo, pois ela é um instrumento para dar mais amparo à família.

Da mesma maneira, a R.E. é importante para alcançar sonhos e objetivos de longo prazo, pois proporciona a tranquilidade para planejar e investir em outros fins. Por exemplo, se não houver R.E., mas uma reserva para realizar uma viagem com orçamento e prazo determinados, ao surgir um gasto inesperado, o mais provável é que esse dinheiro reservado seja usado para suprir a necessidade imprevista, e isso afastará cada vez mais a pessoa da realização do seu objetivo – gerando frustração e desmotivação.

Concluindo, a reserva de emergência é uma importante aliada das famílias, sendo uma base para garantir segurança e tranquilidade financeira. Ela também ajuda a realizar sonhos de modo mais rápido e barato, pois permite o planejamento com foco, direcionamento e sem pagar juros por eles, proporcionando a confiança necessária para implementar os próximos passos na evolução financeira.

"

Se há algo que pode ser previsto é que imprevistos sempre acontecem, e não estarmos preparados para eles pode nos sair muito caro.

Nathália Eccard

Núbia Sousa

Meu nome é Núbia Sousa, sou contadora, educadora financeira e assessora de investimentos da Alphaways I XP. Nasci em São Luís, no Maranhão.

Sempre fui apaixonada por números; mas, em 2018, tive um contato de mais intensidade com a educação financeira. Naquele ano, iniciei minha missão de transformar a vida das pessoas, mostrando a elas que o equilíbrio financeiro depende da atitude que se tem com o dinheiro. A assessoria de investimentos veio para validar o meu conhecimento e completar o meu propósito de ajudar as pessoas a se sentirem realizadas financeiramente.

Acredito que a educação é um propulsor que pode transformar o mundo!

nubiasousa.financas
(98) 98296-1113
nubia@dinamicaslz.com.br

22

COMO O VALOR DO DINHEIRO SE ALTERA COM O TEMPO

Por Núbia Sousa

Por que falar de um tema que é tão atual e, ao mesmo tempo, tão complexo? Atual pois falar sobre dinheiro sempre é bom, uma vez que nos aproxima daquilo que para muitos é um tabu – principalmente porque vivemos num país sem educação financeira. Essa questão implica danos trágicos na nossa sociedade, refletidos em todas as esferas. E por "complexo" quero dizer que, quando se faz a analogia do dinheiro com o tempo, muitos já pensam no pouco que se sabe sobre a velha e boa matemática financeira; e, claro, já querem correr, sem continuar a leitura deste capítulo.

Mas fique tranquilo e peço que leia este texto até o final, pois minha intenção não é a de citar cálculos se que refiram a fórmulas de valor presente versus valor futuro – sem tirar sua importância, é claro. Mas, sim, apresentar ao leitor alguns cuidados que devemos ter quando falamos que o valor do dinheiro se altera com tempo.

Primeiramente, é importante que entendamos o valor do dinheiro no tempo, para que possamos compreender melhor como ele se altera. Por isso, conceitua-se que se trata da relação entre o dinheiro, os juros e o tempo, criando, então, uma linha que define todo um resultado. Daí, surge e associa-se o seguinte dito popular: "Mais vale um pássaro na mão do que dois voando". Esse ditado mostra, de maneira bem direta, que o dinheiro hoje é mais seguro e certo do que o recebível de amanhã. E tal questão, claro, nos leva ao tema da segurança. O que muitos não analisam é: até que ponto isso é seguro, e por quanto tempo? Atualmente, com as ferramentas que temos de garantias de recebimentos, como veremos no decorrer deste capítulo, não seria vantagem o recebimento ficar para amanhã, com juros? É nesse ponto que deparamos com a linha do tempo e com alguns fatores que, essencialmente, fazem parte desse conceito, como:

1. **Inflação:** algo recorrente no mundo inteiro, com a diferença de que cada país tem uma política econômica diferente. Muitas vezes, em cada governo, o processo inflacionário pode acelerar ou não, o que representa o aumento dos preços ou da prestação de serviços. Isso implica a diminuição do poder de compra da moeda. Há, no entanto, em alguns casos, a deflação – que é o processo contrário.

2. **Futuro incerto:** não temos garantia sobre ele, pois qualquer situação pode ocorrer, inviabilizando o recebimento do valor esperado – sendo os motivos os mais diversos.

3. **Juros:** o tempo, relacionado à taxa de juros, proporcionará importantes retornos, principalmente a longo prazo. Ou seja: a tendência será somente aumentar.

Para complementar, é importante citar, ainda, que não devemos comparar valores com tempos diferentes, e lembrar que essa é uma relação diretamente proporcional. Isto é: tempo, dinheiro e sua relação direta com inflação.

Outro conjunto que envolve essa relação é o capital, as taxas de juros, a capitalização e os regimes de capitalização. Mas, como já foi dito, não teremos fórmulas, apenas o entendimento e o uso adequado à situação – seja para finanças pessoais ou corporativas.

Ter dinheiro na mão oferece mais oportunidade por parte de quem o possui, sem falar da reserva de segurança para quaisquer necessidades inesperadas, permitindo que seu uso seja feito de maneira segura, correta e sem atropelos, não causando prejuízos futuros. Em uma situação inesperada, como exemplo, pode ser preciso um valor alto em dinheiro. Na ausência de uma reserva, é necessário pedir um empréstimo bancário a juros exorbitantes. Por isso, é fundamental valorizar as decisões que envolvem dinheiro, a fim de diminuir os riscos de seu mau uso.

No âmbito corporativo, quando se fala do valor do dinheiro no tempo, o custo deve estar relacionado ao seu custo de capital, principalmente quando se pretende fazer investimentos a longo prazo. O custo de capital representa a taxa mínima de retorno que uma empresa deve obter antes de gerar valor. Antes de ter lucro, uma empresa precisa gerar pelo menos receita suficiente para cobrir o custo do capital que utiliza para financiar suas operações. Afinal, o próprio capital possui seus custos.

Todo esse cuidado impede que a empresa encontre soluções equivocadas, pois, muitas vezes, apenas com o olhar no presente e a curto prazo, toma-se decisões sem avaliá-las corretamente; tais decisões tendem a comprometer a saúde financeira da empresa.

O conceito do valor do dinheiro no tempo ainda é negligenciado; muitas vezes, por desconhecimento; outras, porque as pessoas não se atentam aos custos de oportunidade que isso pode gerar. É muito comum que a seguinte situação ocorra por parte de algumas empresas:

- Preço de um produto: R$ 100,00. O cliente paga esse valor em cinco vezes, e a empresa que vende, para cobrir um fluxo de caixa deficitário, faz antecipação.

Cenário 1 – O cliente pagou parcelado.

Preço R$ 100,00, em cinco parcelas de R$ 20,00.

Cenário 2 – O cliente pagou à vista.

Com desconto de 8%, o total é de R$ 92,00 (que entrou de imediato no caixa, sem custo algum).

Porém, o que acaba acontecendo é: a empresa recebe a compra parcelada, mas faz a antecipação da maquineta do cartão de crédito, pagando pelo menos 12% para ter o valor em caixa imediato. Isso faz com que o valor líquido recebido seja de R$ 88,00. Suas operações de custos ficam descobertas e a pergunta que se faz é: não seria melhor ter uma margem negociada à vista do que um valor a prazo feito dessa forma? (Mas, se você já trabalha com tal conceito, excelente! Se ainda não o faz, vale a pena pensar sobre essa questão.)

Em algumas situações, no entanto, não é a loja quem decide, mas o cliente. Frequentemente, ele não dispõe do valor à vista. Quantas vezes você mesmo já comprou um produto em parcelas porque, à vista, o preço seria o mesmo?

Acaba sendo mais justo aplicar preços diferentes aos produtos vendidos à vista e com valor parcelado. Isso acontece pois, mais uma vez, vemos que o valor presente vale mais do que o valor futuro – mesmo com as garantias de recebimento que hoje se tem no mercado.

Depois de saber um pouco sobre o conceito de valor do dinheiro no tempo, é mais fácil, agora, entender como esse valor se altera.

Ocorre que há diversos fatores envolvidos nessa questão, desde a simples linha do tempo até os mais complexos cálculos da amada HP12. E afirmo que, dependendo de como é reconhecida, a valorização do dinheiro pode gerar insegurança, pois seu valor, se não for ajustado corretamente, tende a não ser valorizado como deveria. Mas, nesse caso, vamos deixar essa explicação para aquela aula de economia que fala muito bem sobre as consequências do valor da moeda quando ela é desvalorizada.

Eu poderia afirmar que essa alteração tem dois lados, mas a verdade é que, dentro da relação tempo, dinheiro, juros e inflação, tudo passa por um processo de mudança ocasionada por diversos motivos. Eles podem ser crises, diferentes governos e decisões. Não há, ao certo, uma resposta pronta, mas situações que contribuem para que essa dinâmica ocorra. Um exemplo disso é o fato de que um grande volume de moeda impressa, para muitos, seria a solução da pobreza, pois, teoricamente, todos teriam dinheiro. Trata-se de um pensamento até frágil, mas é o que se pode imaginar quando não há conhecimento acerca de como funciona a política econômica de uma nação.

Podemos, entretanto, imaginar o que ocorreria se isso acontecesse. A seu ver, o dinheiro seria mais valorizado ou menos valorizado? Sem dúvidas, seria um caos, e o Brasil teria problemas ainda mais comprometedores do ponto de vista econômico e social. Agora, imagine o contrário: o governo e o Banco Central segurando muito a economia. Com a alta de juros, a inflação tende a ser maior, e, com isso, a moeda é mais valorizada. Porém, existe um desafio gigantesco: não podemos comparar tempos diferentes com situações diferentes. Por isso, quando pensar nos motivos que levam o dinheiro a se alterar com o tempo, deve vir à mente primeiro um conjunto de fatores, tais como: período econômico, taxa de juros, inflação, quais são as melhores decisões a serem tomadas no momento e qual é o melhor cenário para investir, dentre tantas outras perguntas. Mas o certo é que em todas as épocas há algo em comum, que é o conhecimento. É o cuidar de forma inteligente, com escolhas certas e cultivando hábitos financeiros que fazem seu dinheiro render.

Independentemente do momento, do ano ou governo, é sempre importante saber como cuidar do seu dinheiro – até para que a compreensão do valor esteja ao seu alcance. E, se isso envolver entender sobre taxa de juros e sua dinâmica, entenda! Se precisar aprender a relação do presente com valor futuro e suas nuanças, aprenda! Pois, dentro do que está ao seu alcance, conhecimento e estratégia representam aquilo que pode estar em seu controle. O que não deve acontecer é terceirizar a estagnação de uma riqueza ao governo, aos bancos, com altas taxas de juros – uma vez que todo o processo de crescimento deve vir do modo como suas finanças são administradas. Daí a importância da educação financeira, em todos os momentos.

Por isso, da próxima vez que você ouvir algo que gera curiosidade, como o fato de o valor do dinheiro se alterar com o tempo, seja *expert* em responder que o tempo é amigo do dinheiro, mas o conhecimento, acompanhado da taxa de juros e as melhores decisões também são. Lembre, também, que governos vão e vêm, mas o seu patrimônio, se construído com bases sólidas, com o tempo crescerá e o seu valor será proporcional ao seu crescimento. Portanto, aprenda, construa e cuide!

Meu desejo é que o seu dinheiro seja cada vez mais valorizado com o tempo e, quando alterado, que seja sempre para mais!

"

O tempo é amigo ou inimigo, é você quem escolhe. Mas, se quer riqueza, garanto que tê-lo como aliado pode ser transformador.

Núbia Sousa

Patrícia Guimarães

Sou Patrícia Guimarães Alves Roriz, filha do Deus vivo e de Ademir e Ruti. Casada com Frederico há 23 anos, tenho três lindos filhos: Ester, Sarah e David Frederico.

Sou empresária executiva com foco em resultados para alta performance. Tenho graduação em Administração e Teologia, pós-graduação em Administração Financeira e MBA em Marketing e Gestão de Lideranças, dentre outros cursos.

Atuo na área de *business* há 28 anos. Trabalhei em cinco multinacionais com resultados de alta performance e gestão nas áreas de vendas, administração e finanças. Também fui bancária, e gerente geral de agências. Agradeço a Deus e ao meu esposo, meus principais incentivadores nesse projeto.

@patriciaguimaraesadm
Patrícia Guimarães Adm
(62) 99833-1130

23

MAXIMIZAÇÃO DE LUCROS

Por Patrícia Guimarães

Neste capítulo, compartilharei com você como é possível maximizar seu lucro financeiro de forma simples, prática e eficaz, com uma mentalidade de excelência em resultados.

Durante minha jornada de 28 anos na área bancária, financeira, comercial e de vendas, atendendo milhares de pessoas físicas e jurídicas, percebi que muitas querem ter a sonhada liberdade financeira com maximização de lucros, mas não mapeiam a sua empresa. Vivem o processo de cada área e conhecem os detalhes nas gestões tendo a consciência de que o principal responsável por cada ação, de pessoa física ou jurídica, com ou sem sua equipe de colaboradores, é você, empresário, empreendedor, profissional liberal.

Para fazer o que precisa ser feito na sua área, você deverá ser o melhor, seja em prestação de serviços ou vendas de produtos. Desenvolver com excelência: esse é o segredo para a maximização de lucros. Portanto, estude, se concentre e foque no que você poderá fazer muito bem, como, por exemplo, em cada fase de atendimento ao seu cliente. Além disso, é importante assumir a responsabilidade financeira da empresa e acompanhar seus relatórios financeiros.

Podemos citar como exemplo os relatórios enviados pelo contador, os quais a maioria dos empresários não analisa. Dentre eles, por exemplo, há o DRE, o Demonstrativo de Resultados do Exercício daquele ano, evidenciando se as operações da empresa estão tendo lucro ou prejuízo. E considerando aquele determinado período de tempo, seja o empresário, um consultor financeiro ou colaborador da empresa, é importante deixar definido quem fará a análise e os planejamentos estratégicos das ações, de modo a alcançar os objetivos propostos e alterar o cenário atual da empresa, alcançando a maximização financeira.

Faça reuniões semanais com o colaborador de finanças da sua empresa. Mesmo se você não entender dessa área e terceirizar tal serviço, não deixe de acompanhá-lo. Tenho visto muitos empresários com problemas sérios de finanças por delegação desse processo, sem acompanhamento.

Outro sinalizador que serve para empresas de pequeno, médio e grande porte é não misturar o caixa pessoal de pessoa física com o caixa financeiro de pessoa jurídica. Isso deveria ser uma regra; porém, em cada consultoria feita, vejo que o simples se torna complexo, gerando consequências graves – limitando o superávit na empresa.

Quer garantir a maximização de lucros? Tenha o mapeamento da sua empresa em cada fase de gestão. Quer ter maximização financeira nas suas finanças pessoais? Tenha essas finanças mapeadas detalhadamente em seu fluxo de caixa ou demonstrativo financeiro.

Existem vários softwares voltados para a gestão financeira, mas não adianta ter o melhor programa se você não monitorá-lo. E, se você não tiver um software desse tipo, comece a registrar o máximo de informações possível em planilhas do Excel, anotações ou em outro local à sua escolha. Isso vai ajudá-lo nas análises para tomadas de decisão. Quando a sua empresa ou até suas finanças pessoais estiverem mapeadas, você terá suporte para tomar decisões reais, minimizando os prejuízos e maximizando seu resultado financeiro.

Existe uma expressiva diferença entre ter movimentação financeira, ou seja, fluxo financeiro e resultados financeiros de superávit (lucro). Em consultorias, percebo que muitos empresários se iludem com a alta movimentação financeira e, no final, se surpreendem por não saberem para onde está indo o financeiro da empresa. Dizem: "Não consegui ver resultados, parece que vivo num ciclo de sobrevivência". É muito importante que o fluxo financeiro seja mapeado para você ter o resultado real e não o inflado. Quando você domina um assunto, é mais provável que suas tomadas de decisão sejam reais e conscientes. E isso vale para todas as áreas da sua vida ou empresa.

Outra forma de não haver maximização de lucros se dá na concentração em uma única frente de renda. Dessa forma, muitas empresas não conseguem potencializar seu lucro. Em atendimento a empresas na rede bancária, tive alguns clientes com uma carteira PJ saudável, ou seja: com resultados financeiros de superávit. Em comum, eles tinham a maximização de lucros em frentes diferentes de ações. Então, se existe uma oportunidade de negócios, siga adiante.

Se ela não existe, crie essa oportunidade, mas tenha olhos estrangeiros onde você está hoje, ampliando seu financeiro de forma estruturada.

Citarei os cinco pilares para assegurar a potencialização do lucro na sua empresa, com sustentabilidade. Segundo Lawrence J. Gitman, autor do livro *Princípios da administração financeira:* "Para maximizar a riqueza dos acionistas, você deve entender como gerá-la". Essa frase está relacionada, na prática, com o que vejo acontecer nas empresas. Entender como aumentar lucros relaciona-se ao mapeamento de todos os processos, em cada etapa, com ações estratégicas objetivas e definidas.

Como você vai gerar resultados financeiros de algo que não conhece? A empresa é como uma engrenagem, e todas as fases de produção precisam estar interligadas. Para isso, você deve dominar cada etapa.

Sei que você quer ter resultados financeiros e aumentar a sua lucratividade, mas está utilizando as estratégias da forma certa? Então, vamos conversar sobre cada um desses pilares, pois quando você faz a estruturação do seu negócio, assume suas responsabilidades, consequências e seus riscos. Do mesmo modo, deve ter suporte para tomadas de decisão, pois para cada uma delas haverá uma consequência.

Seguem alguns pilares que garantem a potencialização do lucro empresarial:

1. Estruturar seu negócio ou nova frente de renda.

Ao longo de minha atuação na área de negócios, vejo a história se repetir: a empresa é criada, um plano de negócios estruturado é feito, mas não há constância, disciplina e persistência para dar continuidade ao que foi proposto ou, até mesmo, alterar o plano inicial face às mudanças do mercado ou objetivos da empresa. Há, também, companhias que não têm plano de negócios, missão ou objetivos. Suas ações simplesmente vão sendo executadas a cada dia, não sendo diferente no caso de pessoa física.

Estar focado no seu negócio ou em novas fontes de rendas requer ter um direcionamento de curto, médio e longo prazo, os quais são essenciais para a maximização financeira.

2. Mapear cada detalhe

Em uma empresa, as áreas de finanças, administrativa, vendas e de marketing são pilares fundamentais para que haja resultados com excelência. Esse deve ser um hábito diário para a ampliação de resultados financeiros: o mapeamento de cada setor.

O setor de vendas é um pilar fundamental. Trata-se de um organismo vivo dentro da empresa em que estratégias de vendas e ações são constantemente executadas com excelência para gerarem resultados financeiros. Isto é: a área de vendas é sinônimo de resultados financeiros. Para se certificar de que isso aconteça, você precisará:

- atender com excelência seu cliente;
- saber ouvir e ter estratégicas eficazes, resolvendo o que ele precisa;
- fidelizar o cliente à sua marca, produto ou serviço;
- efetuar vendas e pós-vendas com gestão de acompanhamento; e
- utilizar todas as ferramentas possíveis para estudar seu mercado por meio da análise SWOT, estudar as ações dos seus concorrentes e ajustar as suas. Além disso, é necessário desenvolver suas equipes de colaboradores, moldando-os de forma que a excelência nos resultados se torne apenas as consequências de suas ações.

3. Se você criar uma nova frente de renda, terá que estruturar sua estratégia com um plano de negócios eficaz, para alcançar a meta da estabilidade financeira e posicioná-la de forma a aumentar e gerar riquezas. Diversificar seus fluxos de renda é uma estratégia que poderá lhe render muitos ganhos financeiros. Na verdade, diversificar os riscos é algo a se fazer em todas as áreas da sua vida.

Segundo Tom Corley, autor do livro *Hábitos ricos*, é comum entre pessoas bem-sucedidas financeiramente acumular riquezas construindo múltiplas fontes de renda.

4. Planejamentos estratégicos bem definidos, alinhados aos seus objetivos individuais e empresariais.

A maximização do lucro vai muito além do resultado financeiro. Trata-se da consequência de um hábito diário em excelência. Saber mapear todas as áreas da sua empresa e delegar com acompanhamento, para assegurar a excelência em gestão. Ser focado e definir metas claras e objetivas para todas as áreas, em curto, médio e longo prazo. Tudo isso com um plano de ação para execução e acompanhamentos.

5. Utilizar todas as ferramentas possíveis para estudar seu mercado e as ações dos seus concorrentes, fazendo ajustes para ter excelência nos resultados.

Ações eficazes com excelência e suas consequências são a maximização financeira. Tais resultados não ocorrem sem direcionamentos e gestões definidas, e isso vale para **todas** as áreas da pessoa física e jurídica.

A maximização do lucro vai muito além de ir atrás de resultados. Mas Patrícia, o que você fazia nas multinacionais em que atuou para manter a alta performance em resultados e a maximização de lucro financeiro? Qual é a chave mestra para o alcance desses resultados? Eu diria: tenha fé, foco, disciplina, metas e planejamentos estratégicos de curto, médio e longo prazo em cada ação e objetivo. Para assegurar a alta performance em todas as suas ações, foque na excelência e o resultado da maximização em lucro será uma consequência.

Os sonhos geram metas e as metas geram ações que, por sua vez, geram resultados. Tenha persistência. "*Olhe sempre para a frente, mantenha o olhar fixo no que está diante de você. Veja bem por onde anda e seus passos serão seguros. Não se desvie nem para a direita e nem para a esquerda.*" (Livro de Provérbios, 4:25-27).

Um grande abraço e até a próxima jornada!

"

A maximização do lucro vai muito além do resultado financeiro: ela é a consequência de um hábito diário em excelência.

Patrícia Guimarães

Patrícia Metzker

Sou mineira, casada e tenho uma filha.

Mestre em Administração, economista, especialista em Administração Financeira com curso de extensão em *Private Bank* e Educação Financeira. Coautora do livro *Juntas somos mais fortes*, da editora Chave Mestra.

Empreendo na educação financeira como mentora, consultora, palestrante, escritora e produtora de cursos e infoprodutos. Atuei por 23 anos no mercado financeiro e por 10 anos como docente no Ensino Superior.

Meu propósito nasceu após a minha pesquisa de mestrado sobre violência financeira contra idosos. Concluí que a baixa educação financeira contribui para a maior incidência desse e de outros tipos de violências.

@patricia.metzker

(31) 99162-2897

patricia.educfinanceira@gmail.com

24

NÃO PERCA PARA A INFLAÇÃO

Por Patrícia Metzker

Nas décadas de 1980 e 1990, o Brasil passou por períodos inflacionários muito intensos. Da noite para o dia, o dinheiro perdia a sua capacidade de compra. À época, as famílias se preocupavam em estocar alimentos e os supermercados ajustavam seus preços ao longo do dia, pois o custo dos produtos subia rapidamente. Quem detinha mais poder de compra estocava para um ou mais meses, mas as pessoas mais humildes deixavam de consumir.

A inflação é uma vilã que impacta a vida de muitas famílias, em especial as de baixa renda, cujo dinheiro é utilizado principalmente em suas necessidades básicas. Rossetti define inflação como "alta generalizada dos preços de bens e serviços expressos pelo padrão monetário corrente". Logo, ela gera a redução do poder de compra, pois o que se deseja comprar sobe de preço, não sendo acompanhado pela mesma evolução da renda.

Mas, e se você guardar o dinheiro? Vamos imaginar que você tenha $ 100,00 (valor monetário), que é suficiente para adquirir 50 picolés. Porém, você decidiu não comprar picolés e guardar o dinheiro em um cofre.

Um ano depois, você decide comprar os picolés, mas houve um aumento do custo dos componentes para a fabricação do alimento, ou um aumento da demanda por picolés, fatores que elevaram o preço do produto para $ 2,50. Tudo isso limitou seu poder de compra em 40 picolés. Nesse caso, o preço do picolé aumentou 25%. Então, qual seria a decisão correta?

a) Deveria ter consumido os picolés antes;

b) deveria ter investido o dinheiro;

c) deveria ter estocado picolés.

Creio que até o fim deste capítulo você saberá se sua resposta está correta ou não.

E o que gera a inflação?

- A inflação pode ocorrer pela demanda excessiva, em comparação à capacidade de produção (inflação de procura). Ou seja, a procura pelos produtos sendo superior à sua produção/oferta.
- Pelo aumento do custo dos insumos (inflação de custos), tornando mais cara a produção, com decorrente aumento no preço final.
- Pela combinação de ambos os fatores citados acima: maior procura e aumento do custo dos insumos.

Vimos essa combinação ocorrer de 2020 a 2022, durante a pandemia. Houve aumento do consumo de diversos produtos e uma ampla redução da capacidade produtiva. Há, além desses, outros fatores que geram inflação, como a inflação estrutural e inercial:

- A inflação estrutural tem relação com a estrutura de produção, o desequilíbrio do balanço de pagamentos etc. Isso aconteceu em alguns países durante a pandemia pela insuficiência na produção, pois muitos não possuíam capacidade geográfica, de clima ou de instalação que atendesse à necessidade de toda a população. Assim, a interrupção das exportações por alguns dias/meses gerou desabastecimento, e, como consequência, a alta de preços;
- A inflação inercial está vinculada à prática generalizada de indexação de preços com base na inflação passada, perpetuando o aumento de preços. Isso fica fácil de entender quando visualizamos a correção do valor de aluguéis com base na inflação passada.

O Banco Central (Bacen) é responsável por políticas que visam manter a inflação sob controle. Ele atua com foco em um regime de metas para a inflação: acompanhando, regulando e seguindo um plano para mantê-la dentro da meta estipulada. Pode parecer estranho haver uma meta para a inflação, mas é melhor que haja um índice inflacionário do que deflacionário. Um certo grau de inflação, desde que sob controle, leva ao crescimento; já a deflação gera retração da economia, devido à baixa circulação de produtos, ao desemprego e, como consequência, à queda da arrecadação de impostos.

O indicador oficial do governo para acompanhar a inflação é o Índice Nacional de Preços ao Consumidor Amplo (IPCA). Ele funciona como um "termômetro" para o Bacen, ao mostrar qual é o custo de vida da população brasileira. Seu fechamento é mensal, sendo possível comparar a taxa de inflação acumulada com a meta estabelecida. Portanto, pode-se avaliar se a política econômica está mantendo a inflação sob controle. Esse monitoramento é fundamental para a nossa economia, haja vista que, se a inflação estiver acima do previsto, poderá haver elevação da taxa básica da economia (taxa Selic). Já em períodos de inflação sob controle, a taxa Selic pode se manter estável, ou até mesmo ser reduzida. Os juros, quando elevados, incidem negativamente no crescimento da economia.

O modo mais prático de não perder para a inflação é a aquisição de títulos cuja correção seja o IPCA além de um prêmio pelo risco assumido. Ao tomar decisões sobre investimentos, observe se no cenário econômico há tendência de elevação ou de queda da inflação. Investimentos de médio e longo prazo são mais difíceis de prever, pois pairam muitas incertezas sobre essa análise (como política, economia, guerras, pandemias...). Já operações para períodos mais curtos podem ser mais assertivas, ao gerar a possibilidade de ganhos mais altos por meio da especulação sobre a taxa de juros.

Se a tendência for de queda na inflação, com períodos de taxas prefixadas em alta, pode-se especular comprando títulos prefixados, apostando que com a queda da inflação haverá ganho real superior às operações indexadas ao IPCA. Mas, por se tratar de especulação, há o risco de uma virada, e decorrente perda para a inflação. Então, em tempos incertos, indexar ao IPCA é o melhor caminho para se proteger.

E como avaliar o cenário? Essa avaliação deve ser feita pela leitura do Boletim Focus do Bacen. Ele é divulgado a cada 45 dias, logo após a reunião do Comitê de Política Monetária (Copom). São oito reuniões ao ano, quando a taxa Selic é definida.

Quais produtos remuneram com base na inflação? Tesouro IPCA +: título emitido pelo Governo Federal, com data de vencimento estabelecida, indexado ao IPCA e com acréscimo de taxa prefixada (percentual fixo). Assim, o capital estará corrigido pela inflação e receberá um percentual fixo que, agregado ao IPCA, superará a inflação. No entanto, há a dedução de imposto de renda (IR) e a taxa operacional para a Bolsa de Valores de São Paulo (B3).

Vamos a um exemplo prático: Tesouro IPCA + 2035, pagando IPCA + 6% a.a. Considere que, no primeiro ano, o IPCA foi de 5%, acumulado a juros compostos, que gerará retorno anual de 11,30% (sendo necessário descontar tributos e taxa da B3).

Para aplicações com resgate em um ano, a tributação é de 17,5% sobre os rendimentos; dessa forma, o retorno líquido previsto será de 9,32% a.a., sem considerar a taxa da B3. Mas, se nesse mesmo período houve inflação de 5% a.a., seu capital também perdeu valor. Nesse caso, é preciso descontar a inflação para saber se houve ganho real sobre o capital investido, pois parte desse rendimento está apenas corrigindo a inflação do período. Para tal, deve-se deduzir do rendimento líquido a inflação do período. Utilize a fórmula:

Gr = [(rl ÷ if) -1] x 100

Gr = Taxa de ganho real

rl = Taxa de retorno líquido = (9,32 ÷ 100) +1

if = Inflação do período = (5,00 ÷ 100) +1

Gr = [(1,0932 ÷ 1,05) -1] x 100 = 4,11% a.a.

Além dos títulos públicos, indexados ao IPCA, há títulos emitidos pelas instituições privadas (bancos). Dentre eles, podemos citar o Certificado de Depósito Bancário (CDB); a Letra de Crédito Imobiliária (LCI); a Letra de Crédito do Agronegócio (LCA); a Letra hipotecária (LH); o Certificado de Recebíveis Imobiliários (CRI); e o Certificado de Recebimento do Agronegócio (CRA), dentre outros.

O que diferencia esses títulos do Tesouro IPCA+ é o risco, pois os títulos do Tesouro oferecem o menor risco do mercado, por serem garantidos pelo Tesouro Nacional. Alguns desses títulos privados também têm garantias, limitadas pelo Fundo Garantidor de Crédito (FGC).

É possível investir com outros indexadores e superar a inflação? Sim, pode-se investir em taxas pós-fixadas (CDI e Selic) e prefixadas, superando a inflação. Vamos explorar esse tema:

– Taxa pós-fixada: tem como base a taxa Selic e a taxa CDI. Buscam acompanhar o movimento dos juros com foco em superar a inflação; porém, há momentos de descasamento e perda para a inflação vigente. Analisaremos o que aconteceu na pandemia (de 2020 a 2022):

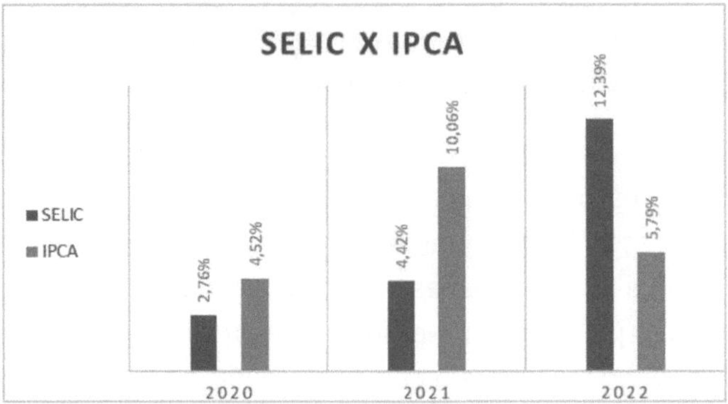

Observe que nos anos de 2020 e 2021 a taxa Selic ficou muito abaixo do IPCA, gerando perda da capacidade de compra, pois o preço dos produtos/serviços superou a taxa de juros vigente à época. Já em 2022, por causa dos movimentos sucessivos de alta da taxa Selic, a inflação recuou, proporcionando ganho real aos investidores com títulos pós-fixados.

– Taxa prefixada: por se tratar de taxa fixa, não acompanha as mudanças no movimento dos juros de mercado, e pode ou não superar a inflação. Esse tipo de alocação de carteira é interessante quando o cenário aponta para queda da inflação, aproveitando a taxa prefixada ainda em alta – porém, é uma aposta.

Mas como fazer essa avaliação?

1. Analise a projeção da inflação, dado fácil de encontrar pelo Boletim Focus;

2. compare a taxa prefixada oferecida com o IPCA projetado, já utilize a taxa projetada deduzida do IR;

3. compare a projeção da taxa Selic com a projeção da inflação.

Atenção: ao escolher outra opção de taxa de correção, Selic, CDI ou taxa prefixada, em vez do IPCA, você trabalhará com expectativa. Para garantir que o seu capital seja corrigido acima da inflação, invista em produtos cuja correção seja o IPCA agregado a um prêmio pelo risco assumido. Após a dedução de impostos e taxas, o retorno líquido superará a inflação.

E agora? Já sabe se a sua resposta na questão dos picolés estava correta? Eu escolho a letra B, pois investindo o dinheiro, além da inflação, haverá ganho de juros.

"

A inflação é uma vilã que impacta famílias, em especial as de baixa renda, cujo dinheiro é utilizado principalmente em suas necessidades básicas.

Patrícia Metzker

Rafa Goulart

Me chamo Rafael Goulart e sou conhecido nas redes sociais como Rafa Educador. Comecei a trabalhar aos 16 anos, fui morar sozinho aos 18, aos 23 conquistei meu primeiro salário acima de R$ 10 mil e, aos 26, recebi meu primeiro salário acima dos R$ 40 mil. Isso tudo se deu por meio de trabalho árduo, renúncia e força de vontade.

Sou consultor financeiro de pessoas físicas e jurídicas, e me formei na primeira turma de Educadores Financeiros Certificados reconhecida pelo MEC no Brasil (certificação CFEd). Além de trabalhar com consultoria e educação, ministro cursos e palestras contando a minha história para ajudar e conscientizar cada vez mais pessoas.

Você pode me encontrar nos seguintes lugares:

@rafaeducador
(21) 97715-2690
www.rafaeducador.com

25

DOLARIZAÇÃO PATRIMONIAL

Por Rafa Goulart

Se você pudesse escolher, em qual moeda gostaria de receber seu dinheiro: em real ou em dólar americano? Essa é uma pergunta boba para uns, difícil de responder para outros e óbvia para a maioria, pois hoje 1 dólar vale o equivalente a R$ 5,25. Sendo o dólar uma moeda mais valorizada, é mais fácil responder, concorda? Mas é importante irmos além! O real foi criado em 1994, com o Plano Real; naquele momento, cada 1 real valia 1 dólar. Ou seja, 29 anos depois, o dólar valorizou 525%. Quanto você acha que estará o dólar daqui a dez anos? Valerá mais ou menos do que hoje? Grande parte dos meus clientes investidores responde, sem pensar muito, que estará mais alto, pois historicamente o preço do dólar varia, normalmente, para cima.

Hoje, o dólar é a moeda mais forte do mundo. Apesar de o euro e da libra esterlina, por exemplo, terem o preço mais alto, o dólar é mais forte por ser uma moeda global. Isto é: os preços dos produtos pelo mundo são cotados em dólar. Isso aconteceu devido ao acordo de Bretton Woods, em que o dólar passou a ser usado em todas as transações internacionais, o qual durou 20 anos. A moeda ainda é usada da mesma forma devido à força e à estabilidade da economia norte-americana no mundo. Um *iPhone*, por exemplo, seja no Brasil ou na Inglaterra, é cotado em dólar. Se o dólar subir, o preço do *iPhone* sobe em ambos os países.

Mesmo com esse histórico, alguns investidores afirmam, bastante esperançosos, que o dólar estará mais baixo daqui a dez anos. Essa é uma esperança extremamente válida, afinal, nossa moeda principal é o real e queremos que ela se valorize cada dia mais. A parte não tão positiva dessa questão é que esse pensamento é emocional e não racional, sabe por quê? Imagine que você tivesse que receber hoje o valor de R$ 525 mil e pudesse escolher entre receber essa quantia em reais ou o valor equivalente em dólares, ou seja, US$ 100 mil. Qual moeda você escolheria? E se a regra fosse receber uma mala fechada hoje, com esses valores, mas só pudesse abri-la e usar o dinheiro daqui a dez anos, qual seria a sua escolha? Provavelmente, você escolheu a mala com dólares. Isso ocorre pois, emocionalmente, temos a esperança de que o real se valorize em relação ao dólar. Porém, analisando o histórico das duas moedas, além das diretrizes econômicas e políticas do Brasil dos e Estados Unidos, a escolha mais racional e, ao mesmo tempo, defensiva, é o dólar.

Para quem tem o real como moeda principal, ter dólar na carteira é legitima defesa!

Apesar desse cenário, vem a pergunta "Mas Rafa, e se o dólar cair ao longo dos anos, eu vou perder dinheiro? Pois, para eu ter 100 mil dólares hoje, preciso de 525 mil reais. E se, no futuro, o dólar cair para 4 reais, por exemplo, eu terei apenas 400 mil reais". A sua conta está certa, mas, como dissemos anteriormente, todos os produtos, no Brasil e no mundo, são cotados em dólar.

Por exemplo, se um *iPhone* custa US$ 1.000; em reais, hoje, seu preço seria R$ 5.250. Se o dólar cair para R$ 4, seu preço no Brasil será R$ 4.000, mas o *iPhone* continuará custando US$ 1.000. Então, você conseguirá comprá-lo da mesma forma. Ou seja: quando você dolariza parte do seu patrimônio, está se protegendo do risco Brasil e defendendo o seu poder de compra.

Esse impacto não ocorre apenas em produtos eletrônicos importados. Itens básicos também sofrem bastante quando o dólar sobe. É o caso do arroz, que tem todo o seu custo de produção cotado em dólar.

Sabe aquele produto que ficou mais caro, ou aquela viagem que aumentou mais de 20% em meses? Você, certamente, já foi impactado negativamente pela alta do dólar.

Comecei a comprar dólares em 2013. Comprava o máximo que podia, apenas porque queria viajar. Minha irmã recebia em dólar, então eu comprava dela por 2 reais cada dólar. Em 2014, viajei para a Argentina e, por não saber se seria mais vantajoso levar dólar ou real, levei um pouco de cada; lá, eu decidiria o que fazer.

Na Argentina, descobri o poder do dólar

No câmbio oficial, eu conseguia 4 pesos para cada 1 real; já no paralelo (trocando diretamente com uma pessoa local) conseguia 5 pesos por cada 1 real, ou seja: 20% a mais. Para cada dólar, eu conseguia 8 pesos no câmbio oficial, mas no paralelo eu conseguia trocar por incríveis 12 pesos – ou seja: 50% a mais do que o câmbio oficial, por ser a moeda americana. Naquele momento eu comecei a entender, de verdade, a força que aquela moeda tinha em relação às outras, pois o meu poder de compra aumentava muito apenas por usar dólar!

Essa percepção de valor em relação ao dólar não se deve a uma regra que foi imposta, mas pela representatividade que a moeda tem comparada a outras.

A verdadeira diferença entre preço e valor

O dólar é como uma bolsa de marca, pela qual se paga mais caro por causa da grife; ou seja: se um dia as pessoas não reconhecerem mais o seu valor, deixarão de pagar mais por ela.

Dolarização patrimonial é o termo usado quando nos referimos à proteção do patrimônio, já que dólar é a moeda mais forte do mundo. Caso no futuro outra moeda se torne mais valiosa, provavelmente mudaremos o termo usado.

Outra expressão bastante utilizada é **reserva de valor**, que é uma quantia guardada em uma moeda forte. Esse termo começou a ser usado para indicar as reservas de ouro, já que, durante muitos anos, esse metal foi a única reserva de valor no mundo. Países com mais ouro eram considerados mais fortes. Devido à escassez desse metal, moedas fortes começaram a ser tratadas como reserva de valor. O ouro ainda é uma reserva de valor muito significativa; porém, é pouco acessível, principalmente por ser algo físico. Ou seja: quanto mais ouro você tiver, mais difícil é guardá-lo e transportá-lo.

A maioria dos brasileiros ainda não tem a devida clareza sobre a importância da proteção patrimonial, ou dolarização patrimonial. Hoje, uma pequena parcela da população investe, e um número ainda menor protege seu patrimônio. Apesar de o processo de compra do dólar estar muito mais acessível por conta da digitalização e da desburocratização, ainda é algo distante da realidade da maioria da população. Muitos ainda veem essa prática como algo complicado, além de terem o receio de fazer algo errado e perder dinheiro. A educação financeira no Brasil está em constante evolução, mas ainda é um assunto para poucos. Você é um privilegiado!

Já falamos sobre investimento e proteção – sempre pensando no que é mais vantajoso. Mas por que não sonhar, além de investir?

Viajar a lazer, fazer um intercâmbio, conhecer outras culturas, morar fora do Brasil, dar a oportunidade aos filhos ou parentes de estudarem fora... Há uma lista interminável de oportunidades que a dolarização pode nos proporcionar. E não precisamos nos limitar aos Estados Unidos, uma vez que o dólar é a moeda internacional. Podemos escolher o que fazer em qualquer lugar do mundo, inclusive no Brasil. Imagine morar no Brasil e ter uma renda recorrente em dólar? Hoje, isso é possível tanto ao comprar ativos financeiros (ações, por exemplo) que pagam dividendos em dólar, quanto da forma tradicional, comprando um imóvel e recebendo o valor dos aluguéis. A partir de 100 reais você já consegue, com o PIX, transferir seu dinheiro para uma corretora, convertê-lo em dólar e investir no mercado exterior.

Você deve ter feito a si mesmo algumas perguntas como: quanto investir em dólar? Como fazer esse investimento? Quanto da minha carteira deve estar em dólar? Se o dólar é tão bom, eu deveria colocar todos os meus investimentos nessa moeda?

É claro que cada pessoa terá uma estratégia diferente; afinal, os objetivos de cada um serão distintos; mas, de forma geral, podemos criar alguns padrões de direcionamento (e eu vou ajudá-lo com isso). Depois, você adequará as suas metas. Se o seu interesse for o de criar uma carteira mais personalizada, existe a opção de procurar um consultor para auxiliá-lo. O mais importante é começar!

Por mais que o dólar pareça muito sedutor, se você mora no Brasil, não pensa em mudar de país e o seu interesse é apenas diversificação para proteção, o ideal é que você tenha a maior parte da sua carteira aqui. Não é uma regra, mas, neste caso, é interessante ter de 10% a 15% de seus investimentos em dólar. Caso você more no Brasil mas tenha outros interesses além de proteção, como viagens e compras internacionais, uma exposição maior faz sentido. Logo, até 20% seria interessante, pois você consumirá parte desse dinheiro ao longo do tempo. Se, além das compras, você pensa em estudar fora, ou dar a oportunidade de outras pessoas fazerem isso, ter cerca de 25% soa adequado para você.

Mas se, além de tudo isso, você pensa em comprar um imóvel ou morar fora do país, internacionalizar de 30% a 50% pode ser interessante, de acordo com o seu objetivo. No caso de dolarizar 50%, você precisa estar certo do que está fazendo. Como já dito, cada investidor tem seus objetivos; então, é importante que você respeite os seus. Os padrões que citei foram mapeados ao longo de anos de consultoria.

Se você quer apenas se proteger e vai investir até 15%, conseguirá fazer isso sozinho, sem muitas dificuldades. Mas se quer ir além, não deixe de procurar um profissional.

Se você já investe, ou ainda não começou, se arrepende de não ter começado antes? Todos os investidores que conheço gostariam de ter começado a investir mais cedo. Dizem se arrepender por não terem aproveitado a oportunidade. Não adianta se lamentar, só a execução mudará esse jogo!

O tempo passa rápido, e se você pensar demais, ou apenas ficar se preparando, provavelmente em alguns anos se lamentará por não ter começado antes! Torço para que você não fique inerte, proteja seu patrimônio e construa seu futuro. A inatividade é um dos principais inimigos do investidor.

Encerro este capítulo realizado, e com a esperança de ter ajudado!

"

Para quem tem o real como a moeda principal, ter dólar na carteira é legitima defesa!

Rafa Goulart

Renan Luz

Me chamo Renan R. da Luz e trabalho no mercado financeiro como assessor de investimentos pelo maior banco de investimentos da América Latina. Meu foco é ajudar as pessoas no desenvolvimento das suas finanças, por meio dos investimentos e do planejamento financeiro.

Em minha jornada, passei por diversas situações, desde dificuldades financeiras familiares até a busca pela educação financeira para, enfim, me tornar um investidor profissional.

Se você precisar de assessoria financeira, poderá me encontrar em minha página do Instagram ou pelo celular. Será uma honra te atender.

@investindocomrenan

(49) 99933-1235

26

RENDA VARIÁVEL

Por Renan Luz

Muito provavelmente, o seu primeiro contato com ações foi em um filme de Hollywood, em que profissionais do mercado financeiro se amontoam em um salão barulhento e lotado, com assessores de investimentos aos gritos no telefone para registrar as ordens de compra e venda de seus clientes.

Isso não existe mais. Hoje, os negócios são feitos digitalmente, por meio do *Home Broker* – uma ferramenta que toda corretora disponibiliza para a compra e venda de ações e ativos financeiros.

Se você pretende investir na renda variável, deve entender que essa é uma modalidade de investimentos bem diferente da renda fixa. Na renda variável, a volatilidade é bastante alta e você jamais vai conseguir saber quanto um investimento vai render em um determinado período de tempo. Não importa se você está investindo para três meses, seis meses, um ano ou dez anos: na renda variável não existe garantia alguma de retorno. Além disso, o risco é muito maior quando comparado ao dos investimentos de renda fixa.

Na renda variável, a sua performance está atrelada a vários fatores. Ela pode depender da governança da empresa, do gestor de um fundo, da taxa de juros, do câmbio, das suas escolhas etc.

Sabendo que é impossível prever o retorno de uma carteira de investimentos voltada para a renda variável, fica fácil entender que você nunca deve alocar nela os recursos de que precisa no curto prazo. A renda variável flutua tanto para cima quanto para baixo e, em determinados períodos, os seus investimentos podem ficar negativos isso é normal. E, se você precisar fazer o resgate dos seus ativos nesse momento de queda, perderá dinheiro. Nunca invista em renda variável o dinheiro do qual depende para pagar suas contas mensais. **Nunca!**

Existem diversos ativos que fazem parte da renda variável. Os mais conhecidos são as ações de empresas negociadas na bolsa de valores. Quando você compra ações, fica sujeito a uma volatilidade constante; a todo minuto a cotação da empresa vai alterar.

Mas a renda variável não para por aí: você pode ficar exposto a essa modalidade de investimentos comprando outros ativos financeiros, como fundos imobiliários, criptomoedas, câmbio, ETFs, mercado de opções e derivativos. Todos esses investimentos têm uma volatilidade e um risco diferentes. Volto a dizer que em nenhum deles você terá um retorno garantido; na verdade, você não sabe nem se terá algum retorno.

Para sustentar meu argumento, vale lembrar que o investidor que resolveu comprar as ações da empresa de telefonia Oi, em 2013, viu seu patrimônio se diluir em mais de 99% em dez anos. Dessa forma, fica fácil entender que nem sempre o longo prazo é suficiente para entregar bons resultados ao investidor: as suas escolhas são fundamentais para vencer na renda variável. Já o investidor que resolveu comprar as ações da empresa Weg viu o seu patrimônio aumentar em mais de 978% em 10 anos.

Após percebermos que em uma determinada classe de ativo na renda variável o investidor pode ter amargado a perda de 99% de tudo aquilo que investiu e, num mesmo período, outro investidor aumentou seu patrimônio em quase 1.000%, fica a dúvida sobre se é seguro investir em renda variável. E a resposta para essa dúvida é: sim, é seguro investir em renda variável. Mas isso não quer dizer que você não possa perder dinheiro – trata-se de coisas bem diferentes.

Quando eu falo que é seguro, me refiro ao fato de que a B3 (a nossa bolsa de valores) é responsável por organizar, manter, controlar e garantir sistemas apropriados para a realização dos negócios. Além disso, existe a CVM (Comissão de Valores Mobiliários): uma autarquia do Governo Federal que atua regulamentando, fiscalizando, julgando e punindo os agentes do mercado quando as regras não são seguidas.

Então, quando você escolher uma corretora de valores para começar a investir em renda variável, é primordial saber se ela possui cadastro na CVM. Dessa forma, os seus investimentos estarão seguros. No entanto, é preciso saber que essa segurança não lhe garante a isenção de perdas financeiras. É importantíssimo fazer um estudo aprofundado antes de escolher um ativo de renda variável.

Caso você decida negligenciar essa parte, as chances de você ver os seus ativos ficarem negativos é muito grande.

Mesmo diante de toda essa incerteza que temos com relação à possibilidade de retorno, ainda acredito que a renda variável seja o melhor caminho para quem quer obter ganhos superiores ao mercado de renda fixa. É justamente na renda variável que você terá a possiblidade de investir nas maiores empresas do mundo, de dolarizar o seu patrimônio, formar uma renda passiva para a sua aposentadoria e, até mesmo, fugir do sistema financeiro comum por meio das criptomoedas.

É importante lembrar que nem todos os investidores devem aplicar em renda variável – o seu perfil de investidor deve ser respeitado sempre. Há pessoas que não suportam ver o seu portfólio negativo e isso é um forte indício de que elas não devem aplicar nessa modalidade de investimento.

Muito provavelmente, quando esse investidor vir os seus ativos negativos, realizará sua venda e terá um expressivo prejuízo – e isso é algo que você nunca deve fazer. Se você fez o seu dever de casa e analisou os ativos que resolveu comprar, e se eles não perderam fundamento, uma queda é uma excelente oportunidade para investir no mesmo ativo, por um preço mais em conta. A renda variável deve ser o único lugar do mundo no qual as pessoas se sentem à vontade pagando mais na hora de fazer uma compra.

Muitos têm todos os requisitos necessários para se tornarem investidores de renda variável, mas costumam não entrar no mercado pois ficam esperando o melhor momento para isso; no meu ponto de vista, no entanto, isso é um erro.

É importante e fará a diferença comprar ativos quando eles estão descontados, para poder vender no futuro por um preço melhor – basicamente, é dessa forma que você ganhará dinheiro. Mas esperar demais pode fazer você perder boas oportunidades e, quem sabe, nunca ingressar de fato na renda variável. O mais aconselhável é ir comprando aos poucos. Talvez você não compre o ativo no melhor momento, mas também não abrirá mão de participar de uma possível alta repentina. Não espere demais!

Levando em conta que os investimentos de renda variável são aconselháveis para quem tem a possibilidade de deixar o dinheiro aplicado por mais tempo, ir comprando aos poucos lhe dá a liberdade de fazer preço médio em um ativo e conseguir um retorno interessante no médio e longo prazo.

Vale lembrar que, na renda variável, você não precisa ter muito dinheiro para começar a investir. É possível entrar nesse mundo com apenas 10 reais (ou até menos). Porém, por mais que seja possível começar a investir com pouco dinheiro, isso não quer dizer que essa seja uma boa prática, já que, se você conseguir um retorno de 20% tendo investido 100 reais, vai receber apenas 20 reais – nada que irá resolver a sua vida, não é mesmo?

Se você começar na renda variável com menos de mil reais, terá muita dificuldade em diversificar o seu portfólio, e a diversificação é essencial para a proteção dos seus investimentos. Algo muito dito no mercado financeiro é "nunca coloque todos os ovos na mesma cesta". Se você começar com pouco dinheiro, dificilmente vai conseguir ter mais de uma cesta.

Espere até acumular um capital maior para começar e, então, faça a diversificação em diferentes classes de ativos dentro da renda variável. Lembrando que quem tem poucos recursos financeiros para iniciar deve procurar uma corretora que não cobre taxas ao negociar ativos de renda variável.

Mas, se esse não for o seu caso e você tiver a possibilidade de investir mais de 100 mil reais de início, não faça todo o trabalho sozinho. Procure uma corretora que lhe ofereça a oportunidade de ter um assessor de investimentos que o auxilie na montagem da carteira e nas suas futuras alocações de recursos. Não há sentido em fazer tudo por conta própria quando é possível ter profissionais do mercado para ajudá-lo nessas questões.

Agora que você já entendeu o que é a renda variável e os riscos atrelados a essa modalidade de investimento fica mais fácil compreender se você deve ou não começar sua jornada nesse universo.

Na minha visão, todo investidor deveria ter uma parte dos seus investimentos direcionados para o mercado de renda variável: esse é o lugar onde você encontrará excelentes negócios e a possibilidade de aumentar significativamente o seu capital investido. Só não cometa o erro de direcionar 100% dos seus recursos nisso. Não esqueça que a diversificação é essencial para conseguirmos obter bons resultados, independentemente do período econômico que estejamos vivendo. Ter investimentos em renda variável não deve fazer com que você exclua os seus investimentos em renda fixa. Além disso, você jamais deve investir na renda variável se não tiver uma reserva de emergência construída.

Como profissional do mercado financeiro e investidor, posso dizer que sou apaixonado pelo mercado de renda variável e não pretendo ficar de fora dessa modalidade de investimento. Foi nele que consegui meus maiores retornos financeiros, e acredito que virão muito mais oportunidades e ganhos no futuro.

Lembre-se: as oportunidades só aparecem para quem está preparado. Então, não pare por aqui – continue estudando e aprendendo cada vez mais sobre esse mercado e embarque comigo nessa jornada de mar agitado. Bons negócios!

"

Nunca invista em renda variável o dinheiro do qual depende para pagar as contas mensais.

Renan Luz

Ricardo Rios

Sou Ricardo Rios, filho de Lauredo e Eliene, filho amado de Deus, casado com a Dra. Cintia Almeida (que também é autora deste livro). Temos dois filhos maravilhosos: Júlia e Pedro.

Graduado em Administração de Empresas, com MBA em Gestão Comercial, sou licenciado Susep e consultor CVM.

Após 16 anos no mundo corporativo, vi a vida e a família por uma outra perspectiva e decidi abrir a minha própria empresa. Sou especialista em gestão de riscos e proteção financeira. O meu propósito é conscientizar pais, empresários e profissionais liberais de que é possível ter uma vida segura e um futuro melhor com um planejamento financeiro adequado.

@ricardorios_consultor
(11) 96923-1081
ricardoriosrodrigues@yahoo.com.br

27

GESTÃO DE RISCOS E PROTEÇÃO FINANCEIRA

Por Ricardo Rios

Com a sua condição financeira atual e o patrimônio conquistado, você já pode parar de trabalhar? Você consegue garantir a realização dos seus sonhos sem dinheiro no bolso? Para algumas pessoas, essas perguntas são desconfortáveis. E, talvez, este não seja o capítulo mais desejado deste livro – e não por falta de relevância –, mas por tratar de um tema que as pessoas preferem deixar para depois. (Pena que muitos não têm uma segunda chance...)

O propósito do meu trabalho é ajudar as pessoas, e meu papel principal é apresentar um remédio para quem julga não precisar dele. Muitos não entendem que necessitam de ajuda e de uma mudança de mentalidade.

Há quatro motivos que levam as pessoas à mudança: a dor, o constrangimento, o medo, e por último, a consciência. A dor é eficaz em promover mudanças, mas pretendo poupá-lo disso, pois acredito que a conscientização ainda é o caminho mais inteligente; portanto, meu objetivo aqui é elevar o seu nível de consciência para promover tal mudança, que começa dentro de você.

Em minhas consultorias, atendo desde profissionais no início de sua carreira até experientes empresários, e há algo em comum entre eles: todos têm diversas vulnerabilidades, alguns mais, outros menos. Na verdade, todos estamos vulneráveis, não conseguimos controlar o futuro. (O que acontecerá com você daqui a uma hora?)

O tema parece sombrio, mas peço permissão para tirá-lo de sua zona de conforto. Sei que descobrir uma doença não é agradável, mas o quanto antes ela for diagnosticada, maior é a sua chance de cura.

Quem precisa ler isso?

1) Você que é jovem e está no início da sua carreira, em fase de construção de patrimônio – talvez ainda com poucos planos e totalmente dependente da produtividade diária para gerar renda e garantir o amanhã. Algo aparentemente simples pode afetar e mudar o seu futuro. Como se proteger disso?

2) Você que já construiu um bom patrimônio, mas ainda não tem o suficiente para gerar uma renda passiva que garanta a manutenção do padrão de vida e dos seus sonhos. Como resolver essa questão?

3) Você que possui um alto patrimônio e tem renda passiva suficiente para garantir o seu futuro. Nesse caso, a preocupação é a de não colocar em risco tudo o que você construiu e fazer uma boa sucessão. Quem mais tem é quem mais pode perder. Quais ferramentas usar?

Uma questão cultural

Meu primeiro emprego foi aos 15 anos, em minha cidade natal – no interior de Goiás. Trabalhei em uma loja de roupas e acessórios, numa função já relacionada ao dinheiro. Eu cobrava os clientes que "tinham se esquecido" de honrar os pagamentos das notas promissórias. Lembro como se fosse hoje: os clientes dizendo que havia acontecido um imprevisto; ora com a saúde, ora com a renda; e não conseguiriam cumprir com o pagamento.

O tempo passou, fui trabalhar na área comercial de uma grande indústria papeleira. Foram 16 anos no mundo executivo, apresentando soluções aos clientes. Para muitos, o ambiente corporativo é totalmente seguro. Mas a verdade é que a estabilidade não existe. Já vi importantes executivos, exímios profissionais, com seus salários avolumados, serem demitidos e o mundo deles cair. O imprevisto aconteceu, e agora? Enterram-se os sonhos? Reduz-se o padrão de vida? Onde está a segurança financeira?

Em 2021, na pandemia, vi a vida de uma outra forma: entendi a importância da família e da qualidade de vida. E por que não ajudar outras pessoas? Decidi abrir a minha empresa de consultoria.

Por uma questão talvez cultural, o brasileiro é pouco planejado; e, olhando por um viés financeiro, isso é ainda mais preocupante. Se compararmos o nosso país com outras culturas, vemos um comportamento que é insano: o brasileiro trabalha, gera renda e já começa a pensar no desfrute imediato e intenso. Isso é prazeroso, mas nada inteligente.

Se observarmos a figura abaixo, vemos que antes do acúmulo e das conquistas, há uma etapa que não pode ser pulada. O telhado de uma casa é importante, ele proporciona conforto e sombra, mas não pode existir sem os pilares. Trata-se de uma "evolução financeira", em que existe uma ordem a ser seguida.

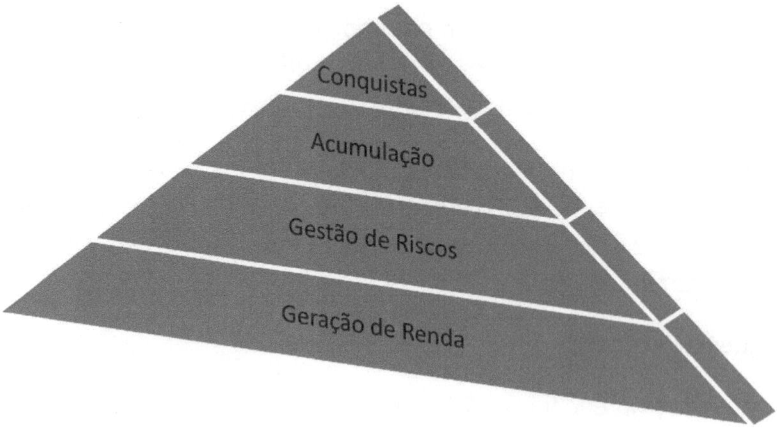

A dor é real

Quero voltar à pergunta que fiz no início do capítulo, porque é algo que pode acontecer: você ter que parar de trabalhar hoje e nunca mais gerar renda. Você sabe listar a quais riscos está exposto e quais são suas necessidades financeiras para amparar o seu presente? E se algum imprevisto acontecer? Você consegue mensurar hoje qual impacto teria uma eventual falta sua ou incapacidade de geração de renda?

De forma bem resumida, eu trago o acróstico **vidas**, com cinco relevantes preocupações que todos têm, ou deveriam ter:

V	IVER MUITO
I	NVALIDEZ
D	OENÇAS GRAVES
A	USÊNCIA PRECOCE
S	UCESSÃO

Viver muito – Até quando você viverá? Como estará a sua saúde no futuro? Qual será a sua condição financeira? A maioria das pessoas na terceira idade não gera renda, mas precisa dela. Mas de onde ela vem? Do governo? De um familiar?

Invalidez – Você depende da sua produtividade diária para gerar renda? E se uma fatalidade o impedisse de trabalhar, de forma definitiva?

Doenças graves – Algumas doenças podem levar anos para serem remidas. E se ontem você tivesse sido diagnosticado com uma enfermidade grave? Nesse momento, geralmente, as pessoas falam: "Eu tenho um bom plano de saúde". Mas ele cobre todos os procedimentos médicos? E os medicamentos? E o seu afastamento do trabalho?

Ausência precoce – Talvez você pretenda viver até os 100 anos, com dinheiro no bolso e saúde. Amém! Mas, e se ontem você não tivesse voltado para casa, como estariam os seus filhos? E sua família? E seus sonhos? Como ficaria o padrão de vida daqueles que você ama? Como você quer ser lembrado?

Sucessão – Possivelmente, você já acompanhou, ou ouviu falar, do quanto é caro um processo de inventário. Ele pode arruinar o seu patrimônio de 10% a 20%. Recentemente, atendi um cliente com um patrimônio de R$ 200 milhões –tudo alocado em imóveis. Perguntei a ele se a sua família teria, hoje, R$ 30 milhões em liquidez para bancar seu inventário. Adivinhe a resposta.

Existe solução

Não conseguimos impedir que um imprevisto aconteça, mas podemos nos planejar. O risco existe, não sabemos o que irá acontecer com a nossa saúde, o nosso corpo, a nossa renda, com aqueles que estão próximos de nós.

Então, qual é a solução? E eu lhe digo: o planejamento, a gestão de riscos e a proteção financeira, que podem ser feitas por meio de várias ferramentas, securitárias, previdências e jurídicas, dentre outras. Vou me ater à primeira delas: o seguro.

Winston Churchill, militar, político e escritor britânico, escreveu: "Se me fosse possível, escreveria a palavra seguro no umbral de cada porta, na fronte de cada homem, tão convencido estou de que o seguro pode, mediante um desembolso módico, livrar as famílias de catástrofes irreparáveis".

Aqui, a palavra "seguro" ganha significado que vai muito além do convencional. Algumas pessoas são influenciadas pelos simples produtos oferecidos pelas instituições financeiras tradicionais, mas, na maioria das vezes, eles não atendem à necessidade do cliente. Elas acreditam que o seguro cobre somente uma fatalidade maior, como um falecimento, mas essa é apenas uma das suas coberturas.

Eis o principal diferencial de um consultor financeiro: entender quem é você, quais são seus sonhos, como é sua estrutura familiar, quais vulnerabilidades e camadas de proteção você possui e quais são os riscos inerentes à sua profissão. Então, a partir daí, ele consegue desenhar uma solução sob medida e eficaz. Digo sob medida porque cada um tem uma particularidade: para um cirurgião, uma lesão permanente nas mãos é o fim. Para um empreendedor, um afastamento do trabalho ou uma internação por algumas semanas pode ser irreversível para seu negócio, ou pelo menos lhe custará muito dinheiro.

Há diversas modalidades de seguros: coberturas para usufruto em vida, apólices vitalícias e resgatáveis, seguros de responsabilidade civil profissional, seguro sucessório, coberturas de acidentes, indenizações em caso de doença grave, de internação hospitalar, afastamento do trabalho e cirurgias, dentre outras.

Algumas pessoas supõem ser muito custoso ter uma proteção financeira adequada, mas caro é precisar e não ter. Do ponto de vista macro, um bom seguro com coberturas para usufruto em vida lhe custará de 3 a 5% da sua renda. Está relacionado à renda pois essa proteção precisa garantir o seu padrão de vida, caso algum imprevisto aconteça. Claro, o custo exato depende da sua saúde, idade, das suas vulnerabilidades e, principalmente, das coberturas que você contratar.

Uma conversa aprofundada com um especialista abrirá sua mente e pode despertá-lo para algo que, talvez, você nunca tenha pensado. Alguns clientes se assustam quando percebem isso e dizem: "Eu estava altamente vulnerável e não sabia". Outros nos chamam de "anjos da guarda", pois, de fato, salvamos vidas e famílias da tão temida morte financeira. Imagine: você está passando por um momento difícil, imprevisível. Seu "anjo da guarda" chega e coloca o dinheiro na mesa, apresentando a solução que sua família precisa.

A decisão é sua: você deseja permanecer vulnerável ou ter segurança e tranquilidade?

"

Não podemos impedir que o imprevisto aconteça, mas podemos nos planejar para ele.

Ricardo Rios

Sandra Rodrigues

Meu nome é Sandra, sou mineira, casada e mãe de dois filhos. Me formei em Administração de Empresas, com MBA em Administração de Empresas e Negócios e sou pós-graduada em Educação Financeira. Fiz, também, cursos de *Coach* Financeiro e Planejador Financeiro.

Trabalho com educação financeira desde 2021, com foco em ajudar as pessoas a lidarem melhor com o dinheiro, conquistando uma vida financeira saudável e tranquila, para iniciarem seus investimentos e realizarem sonhos com objetivos bem definidos, planejamento e organização.

Faço atendimentos individuais ou para casais, com acompanhamento mensal. Também dou palestras em empresas e escolas sobre a importância da educação financeira ativa.

| @sandrarodrigues.oficial

28

ESCOLHA SER INDEPENDENTE

Por Sandra Rodrigues

Venho de uma família de classe média baixa. Meu pai trabalhava fora e minha mãe trabalhava duro em casa, cuidando dos quatro filhos e mantendo tudo organizado. Apesar de não termos vivido com luxo, nunca nos faltou nada, e foi assim porque meu pai sempre levou muito a sério o "cuidar" do dinheiro.

Já na minha adolescência eu me preocupava em fazer dinheiro (vendia maquiagem, lingerie, bijuterias etc.) e manter parte dele guardado. Essa era a forma que eu havia encontrado para ter recursos financeiros sempre que quisesse ou precisasse de algo. Com o passar dos anos, fui entendendo cada vez mais sobre a importância do dinheiro para atender às minhas necessidades básicas, me sentir segura e aproveitar as oportunidades que surgiam ao longo da vida (cursos, investimentos, viagens etc.), sem depender dos outros.

Esse é um bom começo para quem não quer ter problemas financeiros, caso haja imprevistos. Mas só guardar não é o suficiente: é preciso multiplicar (investir) esse dinheiro.

Conheça algumas das desvantagens de não ter um compromisso com o seu "eu do futuro", já que todas as suas decisões financeiras atuais definirão sua vida financeira nos próximos meses e anos.

1. Não poder escolher como gastar seu dinheiro sem que isso afete sua estrutura financeira pessoal e/ou familiar.

2. Não ter a segurança de decidir quando você se aposentará, mantendo o mesmo padrão de vida que tem hoje.

3. Não poder ajudar quem você ama e outras pessoas necessitadas sem precisar abrir mão dos seus sonhos ou, até mesmo, do essencial para a sua sobrevivência.

4. Não ter o direito de sonhar livremente e realizar esses sonhos sem precisar contar com a sorte, ou se endividar.

5. Viver uma vida limitada financeiramente.

Uma grande vantagem seria poder viver uma vida tranquila hoje e já garantir a continuidade desse padrão no futuro. Ou seja, não precisar repetir o mesmo ciclo mês após mês: trabalhar e pagar as contas – no qual os sonhos vão sendo deixados de lado por falta de dinheiro e de tempo para realizá-los.

Você já deve ter ouvido falar em educação, liberdade e independência financeira. Esses assuntos estão cada vez mais em evidência e são questões distintas, mas que se conectam quando o tema é viver uma vida financeira saudável e independente.

Vamos aos conceitos!

Educação financeira é um assunto novo, que ainda não está presente na vida da maioria dos brasileiros. Prova disso é que quase 79% das famílias no País estão endividadas, segundo pesquisa feita em dezembro de 2022 pela Confederação Nacional do Comércio de Bens, Serviços e Turismo (CNC).

Essa competência consiste em aprender a lidar com as finanças de forma a termos em nossas mãos o controle, para não sermos dominados pelo dinheiro. Por meio da educação financeira, direcionamos o dinheiro para o que realmente importa, o que nos trará uma vida rica no sentido de termos liberdade de escolha, e não apenas trabalharmos para pagar as despesas mensais.

A liberdade financeira ocorre quando vivemos bem com o dinheiro que fazemos com o nosso trabalho e nossos investimentos, dentre outras fontes de renda. Para alcançar essa liberdade, você precisa gastar menos do que ganha, ter um bom planejamento financeiro e investimentos, bem como uma gestão ativa e consciente do seu dinheiro. Nesse caso, sua renda é suficiente para viver o estilo de vida que você escolheu ter.

A independência financeira (IF) é definida pelo seu custo de vida ou qualidade de vida ideal. Ela se dá quando você tem um patrimônio financeiro acumulado que gera uma renda passiva: um valor mensal que você recebe sem precisar trabalhar (como: rendimento de investimentos, aluguéis, royalties, lucros de empresas, dividendos etc.). É o que chamamos popularmente de "viver de renda" e o foco deste capítulo é ensiná-lo a construir a sua independência financeira.

Devemos considerar que essa quantia varia algumas vezes, ao longo da vida. O valor da IF de um jovem solteiro é bem diferente daquela de um pai de família, que é distinta da IF de um idoso, viúvo ou aposentado.

Antes de pensar em conquistar a sua independência financeira, é importante organizar suas finanças com disciplina, dedicação e comprometimento. É imprescindível não acumular dívidas, melhorar a qualidade dos seus gastos, diminuir seu custo de vida, manter o equilíbrio do orçamento e direcionar um percentual da sua renda mensal para a construção da sua IF.

As variáveis para você alcançar a sua independência financeira são:

Tempo: quanto mais tempo você tiver, menor será o valor que precisará investir mensalmente.

Investimentos: percentual da sua renda líquida a ser investido mensalmente. O ideal é que esse percentual esteja entre 20 e 30%.

Rentabilidade: diversificação da sua carteira de investimentos para garantir uma rentabilidade eficiente. Cuide bem da qualidade dos seus investimentos.

Alavancagem: formas de acúmulo de montantes maiores em um espaço menor de tempo. Exemplo: o recebimento de um bônus no trabalho e o aporte desse valor em seus investimentos.

Como planejar a sua independência financeira?

1º – Defina o valor em reais do montante que você precisa acumular. Qual é a vida que você tem, hoje? Qual é o seu custo de vida mensal? Como é a vida que você deseja ter no futuro?

Pense detalhadamente, considerando: moradia (onde e como você vai morar), saúde, locomoção (carro, Uber etc.) alimentação, cuidados pessoais, doações, educação e lazer. Defina um custo mensal para cada um desses itens – utilize valores atuais e chegue a uma quantia suficiente para manter o padrão de vida que você deseja ter. O valor "X" a que você chegou é aquele que você precisa gerar de renda passiva em seus investimentos e outras fontes de renda (as correções financeiras serão feitas ao longo dos anos).

2º – Onde você está financeiramente, hoje? Você já investe mensalmente? Tem patrimônio acumulado? Qual é o seu nível de conhecimento sobre investimentos? Entenda a necessidade de se envolver nesse processo com conhecimento e controle financeiro. Não terceirize suas decisões.

3º – Como você pretende atingir a sua IF? Quais serão as suas opções de acumulação de patrimônio para gerar renda passiva (aluguéis, investimentos financeiros, trabalho, herança etc.)?

4º – Quando você quer atingir o seu objetivo? Defina uma data ou idade com a qual você quer se aposentar e "viver de renda". Lembrando que a sua IF deve ser suficiente para o seu sustento pelo resto da vida. Caso contrário, você necessitará de ajuda, gerar renda mensal ou baixar seu padrão de vida.

Ao responder a essas questões, inicie ou dê continuidade ao seu processo de acumulação de patrimônio. Esta não deve ser uma ação aleatória, sem planejamento, controle, disciplina e constância.

Defina a melhor estratégia de investimentos e geração de renda para alcançar a sua IF:

- Não abra mão da sua Reserva de Emergência; ela atenderá qualquer urgência que possa surgir sem que você precise utilizar o dinheiro que está acumulando para a sua IF.
- Tenha sempre disponível uma Reserva de Oportunidades, para quando encontrar uma boa chance de alavancar seus investimentos.
- Disponha de um plano bem definido a curto, médio e longo prazo, focado na realização do seu objetivo de IF.
- Aprenda sobre investimentos. Warren Buffett afirma que "o que conta para a maioria das pessoas na hora de investir não é o quanto elas sabem, mas como elas definem o que não sabem". Para ele, o principal risco é não saber o que se faz. Mesmo que você tenha um bom escritório cuidando de seu patrimônio, só você tem o real entendimento do que importa e de onde quer chegar ao fazer tais investimentos. Agende reuniões periódicas e evite investir no que não conhece. Quanto mais

envolvido você estiver, melhores serão seus resultados, e isso pode acelerar sua independência financeira.

- Diversifique ao investir no Brasil e no exterior. Ter ativos em outros países é uma forma de se proteger de riscos como a inflação.
- Entenda conceitos como Rentabilidade Real e Líquida.
- Lembre: quanto mais tempo você tiver, menos dinheiro vai precisar investir. Assim, o melhor momento para começar foi ontem! O segundo melhor é agora.
- Faça uma revisão periódica do valor a ser acumulado para a sua IF.
- Mantenha um equilíbrio financeiro desde já; abra mão do que não é importante para você. Segundo Napoleon Hill: "A privação é incompatível com a continuidade". Diminua o ritmo dos seus gastos, mas não elimine aquilo que importa. Ao gastar, o faça com inteligência e planejamento.

Sei que alcançar a independência financeira é algo muito distante para a maioria das pessoas, mas ser difícil não quer dizer que seja impossível. Olhar para o valor total e até para o tempo que você levará para alcançar a sua IF pode gerar desconforto e dar vontade de desistir, mas quero te convidar a iniciar essa jornada. Se, na pior das hipóteses, você não atingir a sua IF, terá uma vida financeira saudável, realizará seus sonhos e poderá até ajudar as pessoas próximas.

Volte aos passos 1 a 4, responda a todas as perguntas, defina seus números, visualize a vida que você quer alcançar e comece! Se o valor que você pode investir hoje é inferior a 5% da sua renda líquida mensal, não há problema; comece com essa quantia. Se torne um investidor e olhe para a sua vida financeira com olhos de quem sabe aonde quer chegar.

Estude, gere mais renda, evolua profissional e financeiramente, planeje, seja intencional em suas decisões financeiras. A sua realidade atual não tem que ser a mesma por toda a vida. Você pode começar pequeno e desafiar a si mesmo cada vez mais, até perceber que é capaz de conquistar o que deseja.

"

Quem não tem tempo para cuidar das suas finanças pessoais, um dia, terá que encontrar tempo para cuidar dos males causados pela falta de dinheiro.

Sandra Rodrigues

Simone Kida

Natural de São Paulo, capital, contadora e pós-graduada em Auditoria e Gerência Contábil, com 22 anos de experiência na área de consultoria financeira e de gestão empresarial. Professora universitária por 17 anos, é instrutora de cursos e treinamentos empresariais, além de escritora e palestrante.

@simone.kida

(43) 99911-6311 / (11) 91715-6311

simonekida@hotmail.com

www.simonekida.com

29

ORGANIZAÇÃO FINANCEIRA

Por Simone Kida

Os brasileiros nunca estiveram tão endividados: é o que aponta a última Pesquisa de Endividamento e Inadimplência do Consumidor, divulgada em agosto de 2022, pela Confederação Nacional do Comércio de Bens, Serviços e Turismo. Segundo ela, o percentual de famílias com dívidas no país atingiu a marca histórica de 76,6% em fevereiro – o maior número em 12 anos. De acordo com esse documento, a parcela de famílias que declara não ter condições de pagar suas contas ou que têm dívidas em atraso cresceu, chegando a 10,5% da população.

O cartão de crédito é um dos vilões desse endividamento, já que a maioria das pessoas não sabe usá-lo e não paga sua fatura no vencimento. Assim, arrastam juros altos, mês a mês, pesando o orçamento familiar.

Tenho atendido pessoas e empresas com alto índice de endividamento, o que reforça o resultado dessa pesquisa. Entretanto, isso não acontece somente com pessoas de baixa renda ou com empresas que faturam pouco, mas com todos que desconhecem seus custos e suas despesas.

E por que isso acontece? Vou citar alguns motivos: falta de uma educação financeira; manutenção de um padrão de vida incompatível com a renda; por não existir o hábito de fazer reservas, por falta de controles, planejamento e metas, ou, até mesmo, devido a investimentos feitos em momentos impróprios.

Em minha caminhada, percebo que alguns gestores, por falta de orientação, utilizam capital de giro para investir – seja em equipamentos, obras de expansão ou até em veículos – por acharem que esse é o caminho, em vez de financiarem.

Essa atitude tira o poder de compra do gestor e sua capacidade de negociar descontos à vista, a fim de pagar fornecedores que giram seu negócio. Isso se dá por acreditarem que, ao não pagar os juros do financiamento, terão resultados melhores. Mas isso não é verdade: todo investimento tem retorno a longo e não a curto prazo. E a pergunta é: como lidar com tudo isso? Os hábitos mudam tudo!

Montar um controle simples, objetivo e funcional, utilizando uma ferramenta como o Excel ou até um caderno de anotações. Tudo isso funciona desde que seja levado a sério, pois cada um de nós precisa identificar seu ponto de equilíbrio. Ou seja: garantir o mínimo necessário para honrar nossos custos, investimentos e nossas despesas.

Mas o que é levar a sério esse controle? Trata-se de anotar tudo o que entra e o que sai, classificando as despesas por tipo. Por exemplo: alimentação, combustível, vestuário, saúde, lazer, financiamento de veículos, de apartamento etc. Também é necessário separar os gastos do cartão de crédito, classificando-os.

Nossa economia é instável. Desse modo, com a alta de juros, é importante haver organização financeira para estruturar um planejamento para depois desse período; pois todos sonham com liberdade financeira, viagens, bens e em ajudar familiares. Mas como fazer isso sem controle ou com dívidas?

Além de anotar tudo, em tempo real, organizar as finanças também requer:

1. Cortar gastos desnecessários

Quando conhecemos as despesas, começamos a ficar mais seletivos com o que e quando gastar.

Liste suas despesas essenciais, como água, luz, telefone, parcela da casa etc. Relacione o que são gastos supérfluos que poderiam ser reduzidos, como saídas a barzinhos ou outras despesas que podem ser cortadas.

Na sequência, liste suas prioridades com saúde, fazendo um planejamento por necessidades. Por último, levante os investimentos para saber se sobrou algo e se é hora de investir em algo que você deseja.

2. Atenção ao cartão de crédito

O cartão de crédito não deve ser visto como uma fonte de financiamento, mas como uma forma de pagamento. Ele é útil quando conseguimos usá-lo com responsabilidade, pois nos proporciona facilidade no dia a dia. Porém, deve ser pago integralmente. Se você perceber que não consegue seguir esse conselho, é melhor inutilizá-lo.

3. Trabalhar com dedicação

Ao longo dos últimos anos, percebi que os clientes que chegam endividados ao meu escritório têm sintomas como depressão, falta de força para traçar um plano, se sentem oprimidos, têm vontade de desistir de tudo etc. Mas o que deve acontecer é exatamente o contrário, pois ninguém sai de uma situação ruim sem atitude. Encarar as contas e se organizar, de acordo com a capacidade de pagamento de cada um, deve ser nosso primeiro passo. Não importa se irá demorar, é preciso pagar.

4. Evitar novas dívidas

"*O rico domina sobre os pobres e o que toma emprestado é servo de quem empresta.*" (Provérbios, 22:7).

Quando achamos que a solução para uma situação financeira difícil é pegar mais empréstimos, aumentamos os juros e não conseguimos honrar nossas dívidas.

5. Ser generoso

A própria Bíblia diz que a pessoa generosa terá sempre mais e receberá de volta todo o bem que faz aos outros (Provérbios, 11:25). Pessoas que ajudam o próximo refletem o amor de Deus!

A mente e o coração de um generoso também podem ser reconhecidos no dia a dia por meio de atitudes como: cuidar do pouco ou daquilo que se tem hoje, pois assim é possível saber cuidar do muito.

Não esbanjar, porque quem esbanja não valoriza nada; mas quem cuida sempre terá seus potes cheios. É essencial também zelar pelas coisas alheias.

Eu poderia relatar aqui uma série de comportamentos que expressam generosidade e, consequentemente, resultados financeiros e espirituais, mas seguirei adiante.

6. Ter uma reserva para emergências

Nunca sabemos o que acontecerá no futuro. Portanto, nossa organização financeira sempre deve levar isso em consideração. Assim, se um dia precisarmos, não entraremos em dívidas.

7. Investir em conhecimento

Ao resolver cursar Ciências Contábeis, não sabia exatamente o que queria ser. Mas, para adquirir prática, ingressei em um escritório contábil como estagiária. Ganhava meio salário-mínimo e não conseguia gastar com quase nada. Pegava seis ônibus por dia, entre trabalho e escola, e meu salário só dava para o vale-transporte e para um tênis *All Star* azul, que usava de segunda a segunda e que durou quatro anos.

Quando me formei, estava ganhando mais e já sabia trabalhar; logo, investi em uma pós-graduação.

O que quero transmitir para vocês com essa história? Que ninguém pediu que eu destinasse meu dinheiro à minha primeira pós-graduação; mas esse curso gerou o primeiro convite para eu dar aulas na graduação.

Aqui, gostaria de provar que quando investimos em conhecimento nós crescemos, tanto em nível profissional quanto financeiro, e isso nunca vai deixar nossa mente e nosso coração.

8. Tentar melhorar seu score

Quando você paga seus compromissos em dia, evita negativações, o que abre portas para créditos interessantes quando realmente precisar.

9. Estudar sobre o mercado financeiro

Um tempo atrás, li o livro Me poupe, da *Nathália Arcuri*, o que me levou a olhar para o mercado financeiro como para um campo de possibilidades e ganhos mais expressivos do que os tradicionais, como a poupança.

Para entender esse mercado, você deve estudá-lo, uma vez que ele também é uma fonte de inspiração para a organização financeira necessária. Isso acontecerá porque esse mercado é vantajoso, quando pensamos a longo prazo.

No livro *Do mil ao milhão*, de Thiago Nigro, o autor mostra que a riqueza é possível para todos que estiverem dispostos a aprender e a se dedicar. Segundo Nigro, saber fazer o dinheiro trabalhar para você é essencial, a fim de garantir sucesso financeiro e o crescimento de suas riquezas.

10. Ler a Bíblia

Parece estranho dar esse conselho, mas durante meus 22 anos na área de consultoria financeira cometi muitos erros por não ter uma educação financeira. Hoje, estudando a Bíblia, percebo que ela tem muito a ensinar sobre finanças. Uma pesquisa feita pelo escritor estadunidense Howard Dayton revelou que existem mais de 2350 versículos que discorrem sobre dinheiro, finanças e riqueza.

O Livro de Provérbios foi escrito por Salomão, filho de Davi, por volta de 900 A.C. Ele versa sobre ter uma vida sábia, e mostra que não há nada melhor do que buscar e aplicar a sabedoria.

Sinto que Deus tem expandido minha mente e, hoje, ainda organizo minha vida financeira. No entanto, consigo agora aplicar em outras fontes que vão gerar receitas futuras, o que pode proporcionar segurança financeira e um pouco de estabilidade – emocional, inclusive.

Conclusão

Observo que pessoas físicas e jurídicas têm momentos bons e ruins – todos passam por isso. A estratégia é estar preparado.

Tenho um cliente que está ativo há 43 anos e tem três lojas de sapatos, bolsas, malas e meias. Ele já passou por vários planos econômicos e instabilidades, além de diversos momentos políticos e leis. Se eu perguntar a ele quanto comprou na nova coleção de outono/inverno, ele pegará um papelzinho do bolso e falará exatamente o que adquiriu.

Esse cliente, de forma simples, está preparado, porque tais dados sobre suas compras de uma coleção compõem um fluxo de caixa projetado, ao qual se somam os custos fixos e variáveis.

A organização financeira proporciona muito mais sentimentos bons do que ruins. Podemos ficar bravos por termos que cortar o barzinho do final de semana, cozinhar em casa, ou até mesmo deixar de comprar aquele belo vestido, mas depois sentimos muita satisfação pelo nosso domínio próprio. Esse domínio é fruto do espírito, e é uma virtude em extinção na sociedade atual. As pessoas estão perdendo a capacidade de ter controle sobre si mesmas. Meu conselho é que você exerça seu domínio próprio, pois ao fazê-lo será feliz em casa, no trabalho, nas finanças e nos relacionamentos interpessoais. Portanto, exerça o fruto do espírito e o domínio próprio!

"

Se a organização financeira fosse fácil, ninguém se preocuparia com as dívidas. O dinheiro interfere em nossa vida pessoal e profissional.

Simone Kida

Foto por Igor Flamel

Tainá Soares

Economista formada pela Universidade de Santa Cruz do Sul (Unisc), com mérito acadêmico, e estudante de Administração também pela Unisc e de Gestão de Investimentos e Mercado Financeiro pela UniCesumar.

Atua como educadora financeira, mentora, consultora de finanças pessoais e palestrante, além de ser associada mantenedora da Associação Brasileira de Educadores Financeiros – Abefin. Tainá, também, é idealizadora do Projeto Elas 360º, voltado para mulheres privadas de liberdade do Presídio Feminino Estadual de Rio Pardo (RS).

Filha de Maria e de Flávio, tem o propósito de transformar a vida das pessoas por meio da educação financeira, ajudando mulheres a conquistarem a sua liberdade e autonomia.

@tainassoares_
(51) 99611-9726
tainassoares@gmail.com
www.tainasoares.com.br

30

COMO CRIAR UM PLANEJAMENTO FINANCEIRO

Por Tainá Soares

Cresci em uma família que nunca ouviu falar em educação financeira, e acredito que essa possa ser a sua realidade também. Felizmente, esse conteúdo tem sido tratado em algumas escolas – o que me deixa muito contente, como educadora financeira e como alguém que já passou noites sem dormir com preocupações relacionadas à falta de dinheiro.

Nós já sabemos que finanças têm a ver com números, mas você sabia que esse tema também está relacionado à saúde emocional? De acordo com uma pesquisa desenvolvida pela empresa *Salary Finance*, em 2019, uma pessoa preocupada com a sua situação financeira tem:

- 4,6 vezes mais chances de ter insônia;
- 4 vezes mais chances de enfrentar uma crise de pânico ou de ansiedade;
- 4,6 vezes mais chances de sofrer de depressão;
- 7,7 vezes mais chances de ter problemas de relacionamento com colegas de trabalho; e
- 12,4 vezes mais chances de não finalizar suas atividades diárias no trabalho.

O desequilíbrio financeiro impacta a nossa saúde e o nosso bem-estar, e comigo não foi diferente. Mas o que fiz para mudar essa situação e me tornar mentora e consultora em finanças pessoais? Construí um planejamento financeiro descomplicado! Se você seguir apenas dez passos, terá muito mais tranquilidade e bem-estar financeiro. E por onde começar a construção desse planejamento? Pelo autoconhecimento!

1. Autoconhecimento

Se você quer construir um planejamento financeiro descomplicado e de sucesso, não comece pelos números. Ao contrário do que muitos fazem, que é iniciar realizando o diagnóstico de quanto ganha e de quanto gasta, precisamos praticar o autoconhecimento e nos conectar com o nosso "Eu financeiro", usando o termo criado pelo autor Reinaldo Domingos.

Dinheiro é muito mais comportamento e mentalidade do que números. Antes de tomarmos qualquer decisão financeira, algum sentimento nos influenciou, e esse sentimento pode ser a felicidade, a alegria, a tristeza, a frustração, ansiedade etc.

Saiba em que momento de vida você se encontra, tenha clareza dos seus valores e se alinhe com eles. Para fazer isso, reserve um momento na sua agenda, vá a um ambiente tranquilo e responda às perguntas abaixo:

- O que é importante para você, hoje?

____

- Quais são os seus valores pessoais?

____

- As suas decisões e atitudes estão alinhadas aos seus valores pessoais, hoje?

____

2. Defina os seus objetivos e estabeleça suas prioridades

Depois de praticado o autoconhecimento, defina seus objetivos. E por que, de forma quase unânime, todos os planejadores financeiros dizem que definir objetivos é importante?

A resposta é simples. Vou citar uma frase que acredito que você já conheça: "Para quem não sabe aonde vai, qualquer caminho serve" (Lewis Carroll). Se você tem passado meses, ou até anos, com a sensação de trabalhar, mas sem alcançar algo significativo, saiba que isso está acontecendo por falta de objetivos bem definidos.

Para isso, utilizaremos o método **Smart**, em que precisamos responder a algumas perguntas, de modo que o nosso objetivo seja **específico**, **mensurável**, **alcançável**, **relevante** e **temporal**.

Específico: O que eu quero alcançar?

____

Mensurável: Quanto custará e como medirei meu progresso?

____

Alcançável: Esse objetivo é alcançável? Irei alcançá-lo no prazo estipulado?

____

Relevante: Quão importante esse objetivo é para mim? Ele está alinhado aos meus valores pessoais?

____

Temporal: Em quanto tempo alcançarei esse objetivo? Defina uma data-limite.

____

3. Entenda a importância do planejamento financeiro

Você pode investir em mentorias, consultorias, cursos e palestras. Isto é: há diversas formas para auxiliá-lo na construção do seu planejamento financeiro. Porém, se você não acreditar genuinamente que ele é importante para o seu bem-estar e sua tranquilidade financeira, de nada adiantará.

Tenha em mente o planejamento financeiro como algo essencial para você, para sua saúde emocional e uma vida mais próspera.

4. Vá para os números

Agora, sim: vamos para a fase de diagnóstico! Se você julga a sua vida financeira um problema, é necessário encará-la. Só assim as formas de resolver suas dificuldades aparecerão.

Anote todas as suas receitas e despesas, fixas e variáveis (ou seja, o que entra e o que sai do seu bolso). As receitas e despesas fixas são aquelas que se repetem todos os meses. Exemplos: salário e aluguel. Já as receitas e despesas variáveis são aquelas que não necessariamente ocorrem todos os meses. Exemplos: valores referentes a horas extras e despesas com delivery.

5. Analise e classifique as suas despesas

Classifique suas receitas e despesas em "grupos de contas", para que você consiga identificar com mais facilidade quanto gasta com alimentação, transporte, educação, lazer etc.

A partir disso, extraia importantes informações, como: qual é a sua principal fonte de renda; o que compõe as suas despesas; qual é o grupo de contas de mais peso no seu orçamento; e quais despesas são essenciais ou não, e que podem ser eliminadas do seu orçamento.

Com essas informações, se necessário, procure meios de aumentar a sua renda ou estabeleça um limite para os grupos de despesas. Veja um exemplo no passo seguinte.

Mas, atenção! Não estipule limites que você sabe que não conseguirá cumprir. Assim como no método **Smart**, é importante estabelecer limites que sejam realizáveis e que atenderão às suas necessidades.

6. Você em primeiro lugar

Você já deve ter lido ou ouvido alguém dizer: "pague-se primeiro". Mas consegue compreender o que isso significa? Você poderá se colocar em primeiro lugar e se "pagar primeiro" quando seguir todos os passos acima. Ou seja, ao praticar o autoconhecimento, definir objetivos, realizar o diagnóstico de sua situação financeira atual e estabelecer limites para cada grupo de conta. Dessa forma, poderá honrar todos os seus compromissos financeiros e incluir os valores para alcançar os objetivos no seu orçamento. Feito isso, você poderá se pagar primeiro.

Quando receber suas receitas, a primeira "conta" a ser paga é a dos seus objetivos. Esse é um dos princípios básicos para uma vida financeira próspera. Veja um exemplo:

GRUPO DE CONTAS	SITUAÇÃO ATUAL	PLANEJADO
Sonhos e objetivos	R$ 0,00	R$ 700,00
Moradia e transporte	R$ 3.500,00	R$ 3.300,00
Alimentação	R$ 1.700,00	R$ 1.500,00
Saúde	R$ 600,00	R$ 600,00
Educação	R$ 500,00	R$ 500,00
Lazer	R$ 1.400,00	R$ 1.000,00
TOTAL	**R$ 7.700,00**	**R$ 7.600,00**

Na tabela acima, você fez o diagnóstico e agrupou as suas despesas em 6 grandes grupos. Na situação atual, não havia nenhum valor disponível para investir em seus sonhos e objetivos, mas você conseguiu diminuir os valores em algumas despesas e, agora, tem R$ 700 para o objetivo definido no passo 2.

7. Controle

Com o seu novo orçamento planejado e considerando o valor a ser investido nos seus objetivos, é necessário manter o controle. Se você não acompanhar o desempenho do seu orçamento, não saberá quando estará próximo de atingir os limites estabelecidos.

Se essa é a primeira vez que você inicia um planejamento financeiro, nos dois primeiros meses sugiro que atualize suas despesas e analise o andamento do planejado no mínimo duas vezes por semana.

Sou adepta à ideia de que a melhor ferramenta é aquela que funciona para você e se adequa à sua rotina. Mas indico uma outra, em especial, que lhe possibilitará colocar em prática tudo o que leu até aqui. É só fazer a leitura do *QR Code* na apresentação deste capítulo.

8. Construa a sua reserva de emergência

Ter uma reserva de emergência é essencial para quem busca tranquilidade financeira. Ela corresponde, geralmente, de 6 a 12 meses do seu custo de vida mensal. Esse valor deve ser investido em um local seguro, que você possa acessar quando necessitar. A reserva de emergência é uma das chaves para obter mais segurança e liberdade – principalmente, liberdade de escolha.

9. Estude sobre investimentos

Como afirma Benjamin Franklin: "Investir em conhecimento rende sempre os melhores juros". Uma excelente maneira de potencializar as chances de alcançar seus objetivos é por meio dos investimentos.

Estude rentabilidade, riscos e quais são os tipos de investimentos mais adequados, considerando os valores e prazos dos seus objetivos. Há muito material gratuito e de boa qualidade na internet. Mas, atenção: considere apenas informações de sites oficiais.

10. Seja fiel aos seus objetivos

Independentemente das dificuldades que você encontrar em seu caminho, continue investindo para alcançar os seus objetivos e seja fiel a eles. Uma técnica que utilizo em minhas mentorias é a da visualização. Desenhe ou escreva seus objetivos e deixe-os em um local visível, reforçando-os diariamente. Isso vai ajudá-lo a manter o foco e a determinação.

Após seguir os dez passos, você deve ter percebido que a construção de um planejamento financeiro não precisa ser difícil. Essa construção pode e deve ser elaborada de forma simples e descomplicada. Tenha em mente que todos os seus sonhos se realizarão, desde que você os transforme em objetivos e os inclua no seu orçamento. Com a criação de hábitos mais saudáveis em relação ao dinheiro e mantendo seu orçamento constantemente atualizado, você conquistará tranquilidade e bem-estar financeiro!

As referências bibliográficas desse capítulo estão no Anexo localizado na última página do livro.

"

Todos os seus sonhos serão realizados, desde que você os transforme em objetivos e os inclua em seu orçamento.

Tainá Soares

Wallace Zovico

Sou Wallace Zovico, natural de Araraquara (SP) e, atualmente, levo uma vida dupla. Moro na Faria Lima, epicentro do *rush*, na capital paulista; já aos finais de semana tenho o sossego do interior.

Casado com Camila desde 2018 e pai de Joaquim e Teodoro, sou engenheiro de formação e pós-graduado na Austrália. Também sou especialista em Investimentos certificado pela Ancord e tenho projetos de educação financeira no Grupo Primo, do *influencer* Thiago Nigro.

Empresário da área de alimentação, em 2019 decidi empreender e mudar a vida das pessoas por meio dos investimentos, me tornando sócio de um *multi family office*, que é credenciado a diversas instituições financeiras *onshore* e *offshore*.

Siga um pouco mais de minha trajetória profissional:

@wzovico

linkedin.com/in/wallacejzo

31

ASSESSORIA EM INVESTIMENTOS SEM CONFLITO DE INTERESSES

Por Wallace Zovico

1. O conflito de interesses na assessoria

O conflito de interesses na assessoria de investimentos refere-se à situação na qual os interesses de um assessor financeiro ou instituição financeira não estão alinhados aos melhores interesses de seus clientes. Isso pode ocorrer quando o assessor ou profissional de investimento é compensado de forma a incentivar comportamentos prejudiciais aos seus clientes, ou quando tem uma relação financeira pessoal com uma determinada empresa ou produto que está recomendando aos clientes.

Um profissional de investimentos que recebe comissões para vender produtos financeiros específicos pode ser incentivado a sugeri-los a seus clientes, mesmo que outros produtos fossem mais adequados às suas necessidades. Da mesma forma, um assessor financeiro que tenha uma participação financeira em uma empresa pode ser estimulado a recomendar ações dessa empresa, ainda que haja outras mais adequadas ao portfólio de investimentos de seus clientes.

É importante que investidores estejam cientes dos potenciais conflitos de interesses envolvidos na assessoria e consultoria de investimentos. Contarei mais sobre isso a seguir.

2. O papel do profissional de investimento

O *boom* de *influencers* no mercado financeiro contribuiu muito para a entrada de investidores na bolsa, mas devemos ter alguns cuidados. Não se pode ouvir qualquer pessoa que tenha uma câmera e se autointitule *influencer* de finanças ou planejador financeiro.

É necessário filtrar a relevância dessa pessoa no mercado financeiro, avaliar se ela já trabalhou em alguma *asset*; corretora; casa de *research* ou banco de investimento; se tem certificação e qual é essa certificação; seu tempo de experiência e, principalmente, se tem **resultado**. Seguem alguns players:

- **Analista CNPI (APIMEC)**

Geralmente, trabalham em casa de *research*, *asset*, ou são independentes. Analistas podem recomendar investimentos: compra, venda ou neutro.

- **Assessor de investimentos (ANCORD)**

Especialista em investimentos, autônomo. Trabalha em corretora, bancos de investimentos, escritórios de assessoria ou *family office*, via modelo de sociedade limitada.

- **Consultor CVM – CEA (ANBIMA)**

Especialista em investimentos, assessor do gerente pessoa física, geralmente trabalha em bancos, em formato CLT, ou pode ser um consultor CVM independente.

- **Gestor de *asset* – CGA (ANBIMA)**

É o tomador de decisão de um fundo de investimento, uma das certificações mais valorizadas e prestigiadas do mercado financeiro.

- **Planejador financeiro *CFP* (PLANEJAR)**

Certificação internacional. Tem amplo conhecimento técnico e bastante experiência. É uma das certificações mais valorizadas e prestigiadas do mercado financeiro.

O gerente de relacionamento e o gerente de negócios do banco, geralmente, têm CPA-20, que é uma certificação mais generalista e inicial no mercado financeiro – nela se aprende de tudo um pouco. É o primeiro passo: a certificação de entrada para o profissional que quer se especializar no mercado financeiro.

Sou assessor de investimentos e, por definição, meu trabalho auxilia os investidores a saberem mais sobre os ativos financeiros disponíveis no mercado e a organizarem informações para fazerem boas escolhas de investimento. Analiso a composição da carteira do investidor, se ela está de acordo com seu perfil. Entendo os fatores que afetam esse perfil, avalio a compatibilidade entre objetivos pessoais e financeiros, necessidades de liquidez e prioridades, riscos e situação patrimonial, questões sucessórias, bem como determino uma política de investimentos para, então, buscar rentabilidade e proteção a esse portfólio.

Em todas as áreas há profissionais ruins, que se deixam levar pelo conflito de interesses, priorizando a si mesmos. Sempre questione por que seu assessor comissionado está lhe oferecendo um determinado ativo, quais são as taxas envolvidas, a corretagem e, se tiver intimidade suficiente, pergunte qual é a remuneração dele para aquele determinado produto.

3. Quanto sai do seu bolso, na prática

Sobre os modelos de remuneração, há o comissionado por produtos, que chamaremos de **tradicional**, e a opção de uma taxa fixa de gestão anual sobre o patrimônio, chamada de ***Fee* Fixo**. A segunda opção elimina o conflito de interesses, pois o profissional não recebe comissão.

Essa taxa pode variar de acordo com a política de cada escritório, corretora ou perfil de cliente, sendo varejo, alta renda ou *private*. Geralmente, ela fica entre 0,5 e 1% ao ano, cobrada sobre todo o patrimônio do cliente, como uma taxa de gestão. Taxa de administração e *fee based*, além de *Fee* Fixo são variações de nomenclaturas utilizadas para esse modelo de remuneração.

- **Tradicional**

Nesta opção, o profissional recebe uma comissão paga pelo emissor do produto. A maioria das contas de investimentos – inclusive a que você possui no banco – tem esse modelo. É a mais lucrativa para todas as partes: instituição financeira e profissional de investimento. Cada produto bancário tem sua dinâmica de remuneração e, normalmente, eles são divididos em remuneração "na cabeça" e recorrente.

- **Remuneração "na cabeça"**

  Investimentos financeiros como CDB, LCI, LCA, CRI, CRA, COE e Debênture pagam uma remuneração no momento em que o investimento é realizado.

  Por exemplo: COE com ROA (retorno sobre ativos, em português) de 1,20%. Ao aplicar R$ 100 mil, é gerada uma comissão bruta de R$ 1.200. Uma parte fica para a corretora, aproximadamente 30% desse valor (R$ 360), e o restante (R$ 840) vai para o escritório. No escritório, é pago o imposto de renda (em torno de 20%) e o restante é dividido com o profissional de investimento, restando R$ 336*, aproximadamente, para o bolso dele.

  (*Nesse valor de R$ 336, estou considerando que o repasse acordado seja de 50% para o escritório e de 50% para o assessor/profissional de investimento.)

  Os produtos que pagam remuneração "na cabeça" geram um adiantamento interessante para o profissional; porém, é pago uma única vez.

- **Remuneração Recorrente**

  Remuneração considerada "devagar e sempre", presente em fundos de investimentos de todas as classificações, exceto os listados em bolsa, e também presente nas previdências privadas. Cada fundo paga um percentual de repasse de sua taxa de administração e performance à instituição e ao profissional de investimento.

  Exemplo: Fundo Multimercado com 2% de taxa de administração + 20% de taxa de performance sobre o que exceder o CDI. Desses 2% da taxa de administração, pode ser repassado em torno de 0,60% ao ano. Com R$ 100 mil aplicados, seria gerada uma receita bruta de R$ 600 ao ano, ficando em torno de 20 a 30% com a corretora e o remanescente com o escritório.

  Utilizando o mesmo racional do modelo acima, o assessor receberia por volta de R$ 168 anuais a cada R$ 100 mil aplicados. Há também a taxa de performance: caso o fundo tenha uma boa rentabilidade, acima de seu *benchmark*, é gerado um adicional aos profissionais do mercado, podendo até dobrar essa remuneração.

- ***Fee* Fixo**

Neste modelo, praticado há décadas no mercado internacional, é cobrado um percentual sobre o patrimônio total do cliente, o famoso "ganha-ganha". Nele, o assessor não recebe por produto, mas pelo valor acordado referente ao tamanho do portfólio do cliente. Por exemplo: taxa estabelecida de 0,60% ao ano sobre o patrimônio do cliente. Considerando um patrimônio de R$ 100 mil, seria gerada uma receita bruta de R$ 600 anuais. Como a corretora não fica com uma parte disso, o valor seria divido entre o assessor e o escritório. Após o pagamento de impostos, considerando as mesmas condições dos exemplos anteriores, restariam cerca de R$ 240 anuais ao assessor.

Optando pelo *Fee* Fixo, o que o escritório de investimento e o profissional de investimento receberiam pela venda desse produto, no modelo tradicional, é repassado ao investidor, como um *cashback*.

Explico: se no exemplo da Remuneração Recorrente acima o profissional e o escritório de investimento recebem uma receita de R$ 600, a cada R$ 100 mil investidos pelo modelo tradicional esses R$ 600 voltam em forma de desconto, no modelo *Fee* Fixo. O único objetivo do *Fee* Fixo são os resultados do investidor. Nele, não importam as comissões e os valores que o escritório ou assessor/consultor recebam por indicações. Diante disso, trata-se de um modelo voltado aos interesses do investidor.

4. Conclusão e convite

Em resumo, há o modelo tradicional, no qual não há um custo extra, mas existe o possível conflito de interesses devido ao comissionamento pago pelo emissor dos produtos ao profissional. Há, também, o modelo *Fee* Fixo, que tem custo, mas é isento de conflito de interesses e já é praticado há décadas nos EUA.

O modelo comissionado tradicional é falido. "Me ajude com um título de capitalização para eu melhorar sua taxa de financiamento imobiliário." Quem nunca ouviu isso? Para saber se seu assessor/profissional de investimentos é malandro, você deve avaliar o perfil dos produtos investidos, e não a rentabilidade de sua carteira/portfólio.

Se seu portfólio está cheio de COEs, títulos longos como: Tesouro IPCA (NTN-Bs), FIDCs, CRIs e CRAs longos, CDBs, LCIs e LCAs de bancos quebrados (*rating* com alto risco de calote), é provável que seu assessor esteja ganhando mais dinheiro que você, pois esses são os produtos que mais pagam comissão à corretora, ao escritório de investimento e ao assessor. Como consequência, o Fee Fixo é um modelo de remuneração considerado uma **evolução do mercado financeiro**. Opte por ele!

Convite: se você ou sua empresa tem um volume financeiro acima de R$ 300 mil disponíveis ou já investidos, seria uma honra entender seu momento como investidor, suas dores nos investimentos e tê-lo sob minha assessoria e aconselhamento.

Espero você em meu LinkedIn ou Instagram! Obrigado pela companhia nesta breve leitura.

"

A educação financeira começa quando você entende o que é conflito de interesses.

Wallace Zovico

Weverton Maciel

Weverton Maciel nasceu em 1984, filho de pais pobres. Como a maioria da população brasileira, por meio de muito esforço, construiu uma vida pessoal e profissional de sucesso, com três empresas: uma física e duas *online*.

Dedica, agora, parte da sua vida e do seu tempo a ajudar pessoas a se organizar financeiramente, além de auxiliar empreendedores a pensar melhor nos seus negócios.

Criador do canal Chefe Empreendedor, no YouTube, é casado com Cleonice e pai de Willy e de Wally Maciel. Weverton reconhece a família como base e referência para tudo o que se deseja conquistar.

Aprendeu que quando realmente queremos, nós alcançamos.

@wevertonchefee
(62) 9854-5152
www.chefeempreendedor.com.br

32

FUNDAMENTOS DA MENTALIDADE FINANCEIRA

Por Weverton Maciel

Quando falamos sobre fundamentos, estamos falando das coisas básicas existentes. E, quando tratamos de mentalidade financeira, existem lógicas elementares que devemos seguir para conseguir alcançar o sucesso. Consequentemente, esse sucesso pode se espalhar para todos os campos da nossa vida, uma vez que dependemos muito da parte financeira para alcançar nossos objetivos e realizar sonhos.

Quem não atinge uma mentalidade financeira forte encontrará muitos problemas, pois acabará endividado, caindo no consumismo e não conseguindo discernir a respeito de uma boa opção de compra, um financiamento, um consórcio ou qualquer outro assunto que envolva dinheiro. Na verdade, as pessoas que não desenvolvem uma mentalidade financeira, na maioria das vezes, não gostam nem de conversar sobre dinheiro. Elas pensam que o dinheiro "é a raiz de todos os males". Mas eu estou aqui para desmistificar isso e dizer que o dinheiro simplesmente potencializa quem você realmente é. Então, a primeira coisa que você deve parar de fazer é justamente não querer falar sobre dinheiro, pois ele é importante. Não falar sobre isso ou não se planejar financeiramente pode trazer consequências muito sérias.

Existem pessoas que entram em depressão por causa de dívidas, por falta de comida nas suas mesas, ao caírem na pobreza. Então, é importante que você saiba que quanto mais você fugir de falar sobre dinheiro e entender os fundamentos da mentalidade financeira você não vai conseguir avançar na vida. Porém, com uma mentalidade financeira forte, você começará a entender por que o dinheiro foi criado e vai evoluir financeiramente. Eu digo isso com conhecimento de causa: como filho de pais pobres, ninguém falava sobre dinheiro em casa, e eu passei pela maioria desses problemas relatados. Não conseguia colocar comida na minha mesa e não me livrava das dívidas. Aprendi que deveria ter uma mentalidade financeira robusta; assim, minha primeira iniciativa foi entender que existem pessoas pobres com muito dinheiro e pessoas ricas sem dinheiro.

Mas o que isso quer dizer? Que a riqueza não está só no dinheiro, mas na mentalidade das pessoas. Alguém rico pensa sempre em prosperidade, em pontos positivos, procura solução para os problemas. O ponto-chave é entender que você pode ser uma pessoa rica sem dinheiro e que a sua estabilidade financeira vai apenas demorar um tempo até ser alcançada.

Pessoas pobres pensam de maneira diferente, acreditam que nunca acumularão dinheiro porque ganham pouco e não terão oportunidades. Isso é justamente o que faz com que as pessoas não evoluam financeiramente e continuem sempre na mesma vida que elas têm, sem motivação, simplesmente vivendo de sexta-feira a sexta-feira, como costumamos ver nas redes sociais. Elas simplesmente desafogam seus problemas do dia a dia na embriaguez e na segunda-feira, novamente, não têm nenhuma disposição e perspectiva em suas vidas.

Uma das primeiras coisas que eu aprendi antes de melhorar minha vida financeiramente é que não posso encarar meu dinheiro simplesmente como um valor, mas como um percentual. Entendi que um bom planejamento financeiro começa com percentuais, como o quanto se pode gastar em cada área da vida. Eu sempre recomendo, quando vou orientar alguém, que seja feita a divisão do salário dessa pessoa, bem como de suas entradas sobre percentuais. Um dos formatos mais falados por especialistas na área é o de 50-20-30, que significa 50% para gastos essenciais, 20% para gastos não essenciais e 30% para investimento ou poupança. No entanto, quando a pessoa não tem nenhum tipo de educação financeira, eu mudo um pouco essa regra e recomendo que ela siga o formato 70-20-10, que representa 70% para os seus gastos essenciais, 20% para o que não é essencial e 10% a ser economizado – o que, na maioria das vezes, nem será poupado, mas servirá para pagar dívidas. Isso se dá porque a maioria das pessoas só começa a ter uma mentalidade financeira depois que se endivida e passa por dificuldades. Nesse cenário, o primeiro passo é quitar suas dívidas, pois você nunca vai conseguir encontrar um investimento que pague mais do que as suas dívidas lhe cobram em juros.

Uma mentalidade financeira forte se baseia em três pilares, como diz o "Primo Rico" Thiago Nigro, em seu livro Do *mil ao milhão*. Segundo Nigro, você deve saber gastar, investir, e, o mais importante para mim, aprender a ganhar mais. Entretanto, se uma pessoa gasta mais do que ganha, nunca vai chegar a lugar algum. Esse é o primeiro passo; por isso, como falei anteriormente, você deve dividir os seus ganhos em percentuais para que possa definir exatamente para onde vai o seu dinheiro.

Vemos muitas pessoas que ganham, por exemplo, um salário-mínimo e falam: "Nossa, se eu ganhasse dois salários, como minha vida mudaria". Daí, um belo dia, elas passam a ganhar dois salários-mínimos e vivem bem durante três meses. Em seguida, já estão endividadas de novo e concluem que o novo salário não dá para nada. Isso ocorre porque não se trata da quantidade, mas de como você lida com o valor que recebe. A partir do momento em que você trabalha com percentuais, verá que se aumentar os seus ganhos irá, com o novo montante, dividir os percentuais que já estão definidos automaticamente. Assim, você incrementa todos os pilares financeiros da sua vida e vai crescendo com equilíbrio.

Aprendemos com nossos pais: toda vez que está faltando dinheiro, ouvimos que "devemos economizar". Não estou pregando nada contra a economia, muito pelo contrário: no início da sua vida financeira, é importante que você aprenda a economizar o máximo possível, para que sobre dinheiro a fim de que você possa começar a investir ou pagar suas dívidas. O que eu quero neste momento é fixar uma mentalidade diferente em sua mente, para que você possa entender que economizar não é a única forma existente de melhorar a sua vida. Particularmente, sempre que quero algo, penso: "como eu posso ter isso?". Nessa hora, a minha mente começa a trabalhar para manter esse pensamento, pois, se você começar a tirar as coisas boas e os confortos da sua vida ao economizar, chegará um momento em que você não terá mais nada para subtrair e a sua vida vai ser um total fracasso, sem conforto algum.

Portanto, quero despertar em você a mentalidade de "ganhar mais sempre". Quando quiser alguma coisa, você tem que refletir sobre como vai conseguir isso. E tenha a certeza: existe uma forma de você alcançar o que você quer sem se desfazer de algo que já tenha. Deparamos com esse pensamento em importantes referências literárias, como em *Pai rico, pai pobre*, de Robert T. Kiyosaki – que considero um dos melhores livros que já li.

Nasci em uma família sem perspectivas; por isso, já morei em invasões e albergues, que, para quem não conhece, são como "escolas" onde as pessoas que não têm onde morar são jogadas. Entendia que esses não eram os meus lugares e que eu poderia conquistar algo melhor, mas somente a partir de uma mentalidade forte consegui o que queria. Portanto, você também vai conseguir chegar em um ponto melhor.

Me lembro de uma entrevista em que Flávio Augusto, autor do livro *Ponto de inflexão*, disse que, certa vez, estava dentro de um ônibus lotado, de noite, voltando para casa cansado. Quando ele se apoiou no encosto do ônibus e olhou para o vidro, conseguiu ver o seu reflexo. Então, olhou para si mesmo em meio àquela multidão e pensou: "Aqui não é o meu lugar" e isso deu forças para ele continuar, bolar vários planos e se tornar multimilionário. Você já deve ter ouvido falar sobre ele. Sei, também, que você sente que onde está agora não é o seu lugar. Que tem importantes coisas te esperando. Que há momentos fenomenais para experimentar que você nem imagina que poderá viver; isso tudo, no entanto, depende primeiro de uma mudança em sua mentalidade. É preciso formatar seu cérebro por conta de tudo aquilo que você aprendeu de errado. Coisas do tipo: quando você condena os empresários, falando mal do patrão, quando você fala mal de uma pessoa que alcançou tudo na vida e pensa que ela só venceu porque trapaceou, porque se aproveita dos outros... Isso tudo vem de uma mentalidade atrasada, como a de pessoas que não querem crescer e encontram desculpas para justificar o sucesso dos outros. Você deve treinar sua mente no sentido de buscar respostas para problemas.

Quero lhe explicar algo também sobre a riqueza. Pessoas ricas são aquelas que não precisam mais trabalhar porque têm rendimentos passivos, os quais garantem a elas esse nível de vida. E eu quero que você não se iluda com pessoas que têm um carrão na garagem, que moram em casas exemplares, mas que não são ricas. Elas só estão ali, vivendo essa vida, porque estão trabalhando e acumulando muitos passivos, ainda com a mentalidade de pobre. Lembra quando eu disse que existem pobres com muito dinheiro? Essas pessoas, no dia que tiverem uma doença, que não puderem trabalhar ou quando chegar a idade, vão, com certeza, cair bruscamente. Então, mantenha o seu foco.

Por último, quero que você entenda só mais um detalhe para a sua mentalidade financeira ser vencedora: o fundamento mais importante de todos, na minha opinião, é saber diferenciar um ativo de um passivo. Posso estar falando de modo um pouco complexo, mas quero apenas que você entenda **que um ativo é algo que coloca dinheiro no seu bolso e um passivo é algo que que tira dinheiro do seu bolso**. Portanto, ao entender isso, analise a sua vida; reflita financeiramente sobre tudo o que você tem e faça o que for possível para compor uma ótima coluna de ativos, diminuindo cada vez mais a sua coluna de passivos. Tenha essa mentalidade e você vai ter sucesso na sua vida financeira, pessoal e profissional, colecionando grandes experiências durante toda a sua vida.

"

Se eu realmente quero, eu consigo.

Weverton Maciel

Referências Bibliográficas

Adriana Godim

95% DAS nossas decisões de compra são inconscientes, alerta especialista. Amcham [online]. Campinas, jul. 2014. Disponível em: <https://www.amcham.com.br/noticias/gestao/95-das-nossas-decisoes-de-compra-sao-inconscientes-alerta-especialista-1546.html>. Acesso em 25 mar. 2023.

ARCURI, Nathalia. **Me poupe.** Rio de Janeiro: Sextante, 2020.

CERBASI, Gustavo. **Adeus, aposentadoria**. Rio de Janeiro: Sextante, 2014.

CERBASI, Gustavo. **A riqueza da vida simples**. Rio de Janeiro: Sextante, 2019.

HOUSEL, Morgan. **A psicologia financeira:** lições atemporais sobre fortuna, ganância e felicidade. Rio de Janeiro: HarperCollins Brasil, 2021.

KIYOSAKI, Robert T. **Pai Rico, pai pobre:** o que os ricos ensinam aos seus filhos sobre dinheiro. Rio de Janeiro: Alta Books, 2017.

Araceli Kreutzberg

ARIELY, D.; KREISLER, J. **A psicologia do dinheiro:** descubra como as emoções influenciam nossas escolhas financeiras e aprenda a tomar decisões mais inteligentes. Alta Books: Rio de Janeiro, 2021

Dados sobre cartões de crédito: ABECS. Disponível em: https://www.abecs.org.br. Acesso em: 3 maio 2023.

Dados sobre a inadimplência: Pesquisa PEIC. Disponível em: https://www.fecomercio.com.br. Acesso em: Acesso em 2 maio 2023.

KAHNEMAN, D; LEITE, C. de A. **Rápido e devagar**: duas formas de pensar. Editora Objetiva: Rio de Janeiro, 2012.

SILVA, A. B. B. **Mentes consumistas:** do consumismo à compulsão por compras. Editora Globo: São Paulo, 2014.

Cintia Almeida

BRASIL. Código Civil (2002).

BRASIL. Constituição (1988). Constituição da República Federativa do Brasil. Brasília, DF: Senado Federal: Centro Gráfico, 1988.

RIBEIRO, Mariana B. A importância da combinação das cláusulas restritivas na elaboração do planejamento sucessório. **Migalhas** [online], 18 out. 2021. Disponível em: www.migalhas.com.br/depeso/353301/clausulas-restritivas-na-elaboracao-do-planejamento-sucessorio. Acesso em 27 abr. 2023.

TARTUCE, Flávio. **Direito Civil**: Direito das Sucessões, 2022, v. 6, p. 402 e 408).

Fernanda Sacramento

https://cidades.ibge.gov.br/brasil/pesquisa/23/24304 (IBGE, Censo Demográfico 2010)

https://static.poder360.com.br/2023/01/cnc-endividamento.pdf

Luciana Cardoso

ANDOLF, Maurizio. **A terapia familiar multigeracional**: instrumentos e recursos do terapeuta. Belo Horizonte: ed. Artesã, 2018.

BARROS, Luciana S. A. C. **Curso online Heranças Financeiras**.

BARROS, Luciana S. A. C. **Curso *online* Capacitação em Psicologia do Dinheiro.**

BOSZORMENYI-NAGY, Ivan; SPARK, Geraldine. M. **Lealtades invisibles**: reciprocidad en terapia familiar intergeneracional. Buenos Aires: Amorrortu Editores, 1983.

KLONTZ, Brad; KLONTZ, Ted. **A mente acima do dinheiro:** o impacto das emoções em sua vida financeira. Tradução: Cláudia Vassão. São Paulo: Novo Século, 2011.

SCHUTZENBERGER, Anne, A. **Meus antepassados:** vínculos transgeracionais, segredos de família, síndrome de aniversário e prática do genossociograma. São Paulo: Paulus, 1997.

Tainá Soares

DOMINGOS, Reinaldo. **Como identificar o seu eu financeiro**, 2017.

THE EMPLOYERS Guide to Financial Wellbeing 2019-20. **Salary Finance** [online], Londres, 2020. Disponível em: https://resources.salaryfinance.com/hubfs/Campaigns/Guide2019/Employers_Guide_To_Financial_Wellbeing_2019-20.pdf. Acesso em: 19 abr. 2023.

ANOTAÇÕE$

ANOTAÇÕE$

ANOTAÇÕE$

ANOTAÇÕE$

ANOTAÇÕE$

EDITORA
CHAVE MESTRA®